초등학생을 위한
맹자

초등학생을 위한 맹자

초판 1쇄 발행 2018년 10월 23일
초판 2쇄 발행 2019년 5월 8일

지은이 조희전
펴낸이 장길수
펴낸곳 지식과감성#
출판등록 제2012-000081호

디자인 최지희
편집 이현, 안영인, 최지희, 조혜수, 장홍은
교정 박솔빈
마케팅 고은빛

주소 서울특별시 금천구 벚꽃로298 대륭포스트타워6차 1212호
전화 070-4651-3730~4
팩스 070-4325-7006
이메일 ksbookup@naver.com
홈페이지 www.knsbookup.com

ISBN 979-11-6275-339-2(73100)
값 10,000원

ⓒ 조희전 2018 Printed in Korea

잘못된 책은 구입하신 곳에서 바꾸어 드립니다.
이 책의 전부 또는 일부 내용을 재사용하려면 사전에 저작권자와 펴낸곳의 동의를 받아야 합니다.

이 도서의 국립중앙도서관 출판예정도서목록(CIP)은 서지정보유통지원시스템
홈페이지(http://seoji.nl.go.kr)와 국가자료공동목록시스템(http://www.nl.go.kr/kolisnet)에서
이용하실 수 있습니다. (CIP제어번호 : CIP2018033311)

 홈페이지 바로가기

―― 아이들의 인성과 지혜의 폭 넓히기 ――

초등학생을 위한 맹자

조희전 지음

맹자가 말했다.
**선을 좋아한다면 천하를 다스리기에도
충분한데 노나라쯤이야 말해 무엇 하겠느냐.**

지식과감정

서문

맹자란 누구인가?

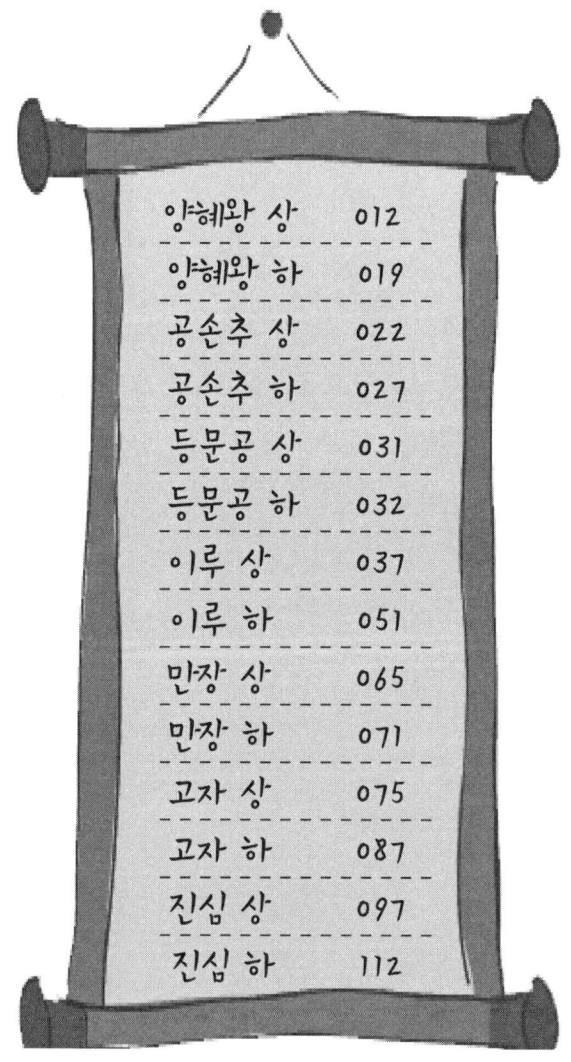

양혜왕 상	012
양혜왕 하	019
공손추 상	022
공손추 하	027
등문공 상	031
등문공 하	032
이루 상	037
이루 하	051
만장 상	065
만장 하	071
고자 상	075
고자 하	087
진심 상	097
진심 하	112

에필로그

서문

   21세기가 되었지만 여전히 악한 시대입니다. 이것은 맹자가 살던 시대에도 마찬가지였습니다. 사람들이 선을 두려워해 좇지 않으니 맹자가 호연지기를 말해도 대장부가 어디 있을까요? 맹자의 성선설은 예나 지금이나 받아들여지기 쉬운 사상은 아닙니다. 하지만 《맹자》는 불멸의 고전으로 남았으니 어떤 내용인지 살펴보는 것은 의미가 있을 것입니다.

   《맹자》는 제가 대학교 때 읽었던 책이었습니다. 그때 저는 인문고전을 강조하는 책을 읽었었는데, 그 영향이었는지 고전을 찾아보게 되었습니다. 그래서 어찌어찌해서 사게 된 《맹자》라는 책은 저에게 충격을 주었습니다. 맹자의 사상이 제 안으로 흘러 들어 왔고, 드문드문 필사해가면서 저는 맹자에게 빠져 들었습니다. 그 후로 오랜 기간 《맹자》를 읽지는 않았지만 그때의 감동은 아직도 제 안에 남아 있습니다. 그래서 기회가 있을 때 《맹자》를 아이들에게 전해 주고 싶었습니다. 하지만 원문 그대로 읽기에는 어려움이 있을 것으로 예상되어 저만의 해설을 덧붙였습니다. 《맹자》 중에서 쉬운 부분만 추록하여 필사하게 하고, 나머지 부분은 해설을 읽음으로써 이해하게 한 것입니다. 고전은 시대와 맞지 않는 혹은 시대에 뒤떨어진 책이 아닙니다. 오히려 오늘날과 미래를 정확히 예측할 수 있는 좋은 책입니다. 초등학생이 왜 《맹자》를 공부해야 하는지 의문이 가는 사람이 있을 것입니다. 그 사람들에게 소개하고 싶은 사람이 있습니다. 그 사람은 양전닝이란 중국계 미국인 물리학자입니다. 그는 1957년

리정다오와 함께 아인슈타인의 패리티보존법칙을 뒤집어 노벨 물리학상을 탔습니다. 이 공헌은 물리학에 큰 획을 그었다는 높은 평가를 받았습니다. 1995년 여름에 양전닝은 중국 학생들에게 강연을 하면서 다음과 같이 자신의 공부 비결을 소개했습니다. "아버지는 일찍이 제가 수학에 재능이 있다는 걸 알아채셨죠. 하지만 문과 과목의 기초가 부실할까 봐 걱정하셨기 때문에 제게 수학 대신 《맹자》에 관한 과외를 받게 하셨어요. 덕분에 전 《맹자》를 처음부터 끝까지 다 외웠죠. 이런 건 교과서로 배울 수 없잖아요. 생각해보면 그때 아버지가 고등수학을 가르쳐 주셨다면 지금 별 도움이 되지 않았을 거예요. 그런 것들은 어차피 나중에 다 배울 내용이잖아요. 하지만 《맹자》를 외워서 사고방식을 훈련하고 안목을 넓히면서 고문에 대한 기초를 세워 민족 문화를 깊이 이해할 수 있게 됐죠. 이런 장점들만 봐도 몇 년 일찍 고등수학을 배우는 것보다 훨씬 이득이었죠." 양전닝의 이 말은 그의 학문에 《맹자》가 많은 영향을 미쳤음을 알 수 있습니다. 학교에서 아이들을 가르치면서 아이들이 읽는 책을 살펴보았습니다. 대다수가 책을 좋아하고 잘 읽습니다. 그런데 아쉽게도 아이들이 읽는 책은 학습만화라든지, 가벼운 이야기책이 많습니다. 물론 그런 책도 좋겠지만, 보다 두뇌를 발달시키고 마음에 영향을 미쳐 인성을 길러주는 양서를 읽어보는 것은 어떨까요? 《맹자》는 그런 책이 될 수 있다고 생각합니다. 저는 누구에게 따로 《맹자》를 배워 본 적은 없습니다. 독학으로 공부한 터라 부족한 부분이 많겠지만 이 책이 자라나는 청소년들의 성장을 위해 기여하기를 바랍니다.

맹자란 누구인가?

山上也
天

日大
夫

맹자라고 들어 봤니? "공자 왈 맹자 왈"이란 말은 들어보았을 거야. 맹자는 "공자 왈 맹자 왈" 할 때의 그 맹자란다. 맹자는 전국 시대 중기를 살았던 사람으로, 이름은 '가이'였어. 사마천의 《사기》에 맹자는 추나라 사람이라고 기록하고 있지. 맹자가 태어난 때는 공자가 죽은 지 이미 100년이 가까운 시대였어. 맹자의 출신이나 부모에 대해서는 별로 알려진 게 없어. 하지만 맹자는 유명한 학자가 되었고 자신의 사상을 알리기 위해 여러 나라를 돌아다녔어.

하지만 여러 나라를 돌아다녀도 자신의 생각을 실현할 나라를 찾지 못하고 70여 세가 되었지. 맹자는 고향에 돌아와서 책을 저술하는데, 그게 바로 맹자의 이름인 《맹자》라는 책이야. 이 《맹자》라는 책을 통해 우리는 유교사상의 기본을 배울 수 있어. 유교사상이란, 조선시대의 약 500년의 세월을 지탱해온 우리의 문화라고 할 수 있어. 이를 통해 우리는 진정으로 잘 살기 위한 방법을 배울 수 있지. 물론 그 안에는 재물과 지위를 얻는 법, 사람이 살아가야 할 자세와 방향 같은 것이 포함되어 있어. 이런 옛 책은 이미 지나가 버린 옛날 책이라고 할 수는 없어. 옛날의 사상이지만 오늘날에도 그 영향력이 있기 때문이야. 맹자와 같은 책을 인문고전이라고 해. 인문고전은 한약과도 같아. 맛이 쓴 한약처럼 읽기에는 괴로워도 몸을 건강하게 해주고 체질을 개선해주는 역할을 하기 때문이야. 온고지신이라는 말이 있지. 옛것을 배우고 새로운 것을 익힌다는 뜻이야. 우리는 온고지신을 통해 다른 사람의 스승이 될 수도 있어. 그렇다면 맹자를 익혀 자신을 갈고닦아 다른 사람의 스승이 되어보는 것은 어떨까.

맹자라는 책은 총 14개의 장으로 구성되어 있어. 지금부터 하나하나 살펴보도록 하자.

> ※ 맹자를 읽기 전에
>
> 본격적으로 맹자를 읽기 전에 맹자가 살았던 시대 상황과 맹자가 주장한 개념에 대해서 알아볼까요? 아마 내용을 이해하는 데 많은 도움이 될 것입니다. 어렵다면 넘어가도 되고 중간 중간에 다시 돌아와 읽어도 좋습니다.

패도 정치 vs 왕도 정치

맹자는 공자가 살았던 춘추시대보다 100년 뒤인 전국시대를 살았어. 전국시대는 봉건질서의 미덕은 흔적도 없고, 부와 무력만을 앞세우는 약육강식의 풍토가 만연한 시기였어. 오직 부국강병만이 천하 지배의 잣대였고 패권 쟁탈의 전쟁이 정치인 줄 알았어. 이를 패도정치라고 하지.

맹자는 이와 같은 상태를 극복하고 천하를 구제할 통일 방안을 공존을 지향하는 정치에서 찾았어. 모든 공동체의 행복을 위하여 그것을 공유할 줄 아는 여민동락의 능력에 달렸다고 확신했지.

맹자에게 정치의 목적은 백성을 경제적으로 부양하고 도덕적으로 교육하는 민본주의 원리와 같았어. 이는 인간의 본성에 부합하는 정치로 인간이 자신의 이성과 도덕적 의지로 실천하면 되는 문제였어. 이를 왕도정치라고 해.

봉건 제도

봉건이란 토지를 주어 나라를 세운다는 뜻으로, 천자가 여러 제후에게 토지를 나누어 주어 제후들이 전권을 가지고 다스리게 하는 제도이다. 중국 주나라 왕실이 효과적인 통치를 위해 실시했다. 왕실의 주요행사나 제사 때 제후국은 공물을 바쳤고, 왕에게 군사적 노동력을 제공하기도 했다.

공자의 인

공자 사상의 핵심은 인이다. 공자는 인을 기르기 위한 방법으로 예를 제시했는데, 즉 자기 자신을 이겨 예로 돌아간다는 극기복례가 바로 그것이다. 이런 공자 사상은 맹자에게 계승되어 인의 사상의 기반이 되었다.

사단과 인의예지

측은지심: 가엾고 불쌍하게 여기는 마음—인
수오지심: 옳지 못한 것을 부끄러워하는 마음—의
사양지심: 겸손하여 남에게 사양하는 마음—예
시비지심: 옳고 그름을 가릴 줄 아는 마음—지

맹자의 내용

맹자의 내용은 인간 본성에 대한 탐구, 인간이 삶을 살아갈 때 지녀야 하는 태도, 군주가 백성을 다스리고 정치할 때의 마음가짐이다.

군자

중국 주나라 때부터 많이 써온 말로 본래는 높은 관직에 있는 봉건 귀족을 가리키는 말이었다. 하지만 공자가 창시한 유가에서는 도덕적으로 완성된 인격을 갖춘 이상적인 사람을 뜻하는 말로 쓰인다. 유가에서는 누구나 노력과 수양을 통해 군자의 경지에 다다를 수 있다고 보았다.

호연지기

호연지기는 천지에 가득 차 있는 넓고 큰 기운을 말한다. 그 기운은 지극히 강하며 바르게 길러 해가 없으면 천지간에 가득 차게 된다. 그 기운은 의와 도에 걸맞고 이것이 없으면 굶주리게 된다. 이 기운은 마음속에 의로움을 모아 길러지는 것으로 밖에서 기르거나 취할 수 있는 것이 아니다.

맹자의 교육

맹자는 배움이란 헤이해진 마음을 바로잡는 일이라고 했다. 맹자 교육의 기본은 착한 마음을 갈고닦아 확충하고 다른 사람을 배려할 줄 아는 군자가 되는 것에 있다. 군자라는 것은 어렵고 힘든 것이 아니라 마음을 갈고닦는 노력을 게을리하지 않으면 누구나 다다를 수 있는 것이다.

성인

맹자가 생각한 성인은 공자이다. 공자는 지혜로움과 성스러움, 성인이 지녀야 할 모든 요소를 가지고 있었다. 맹자가 학문적, 사상적, 인생의 롤모델로 선정한 것이 바로 공자이다.

여민동락

백성과 즐거움을 함께한다는 뜻이다. 왕도 정치의 바탕에는 백성을 위한 정치를 해야 한다는 민본주의 사상이 깔려 있다. 왕이 백성과 즐거움을 함께한다면 왕의 즐거움을 곧 백성들 자신의 즐거움으로 여기며 기뻐할 것이다.

양혜왕 상

※ **밑줄친 부분을 따라 쓰세요**

1-1 이익보다는 의리를

맹자가 양혜왕을 만났다. 왕이 말했다.

선생처럼 고명한 분이 천 리 길을 멀다 하지 않으시고 찾아 주셨으니 장차 우리나라에 이익이 있겠지요?

맹자가 말했다.

<u>왕께서는 어째서 이익에 대해서만 말씀하십니까? 진정 중요한 것은 인의가 있을 뿐입니다.</u>

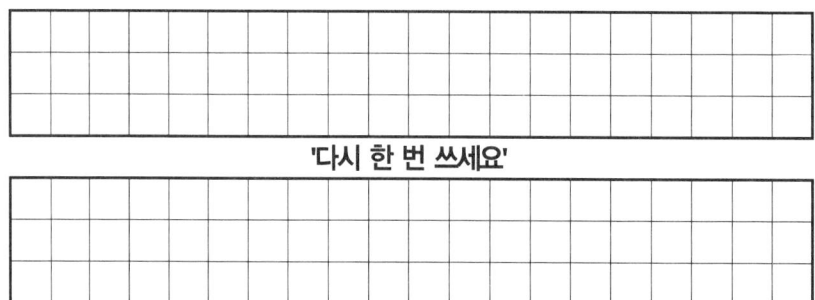

'다시 한 번 쓰세요'

✎ **해설**

우리가 중요시하는 것은 내게 이익이 되는 것들이야. 내게 무슨 이득이 있을까를 먼저 생각하기 쉽지. 내 몸이 편하거나 나에게 물건이나 먹을 것이 생기게 되는 것들을 말해. 이런 것들은 먼 옛날에도 마찬가지였어. 그래서 왕은 내게 무슨 이익이 있을까를 물어본 거야. 하지만 맹자는 달랐지. 맹자는 이익이 아니라 인의를 말했어. 인의가 뭘까. 그것은 사랑과 도덕을 말해. 사람을 사랑하는 것과 의로운 것들을 행했을 때 비로소 나라가 발전한다는 거야.

1-2 즐거움은 백성과 함께

문왕은 백성들의 힘으로 누대를 만들고 연못을 만들었는데, 백성들이 그것을 기뻐하고 즐거워하며 그 누대를 영대라고 부르고 그 연못을 영소라고 부르며 그곳에 사슴과 물고기와 자라가 있는 것을 즐거워했습니다. <u>옛날의 현자들은 이처럼 백성들과 즐거움을 함께했기에 진정 즐길 수 있었습니다.</u>

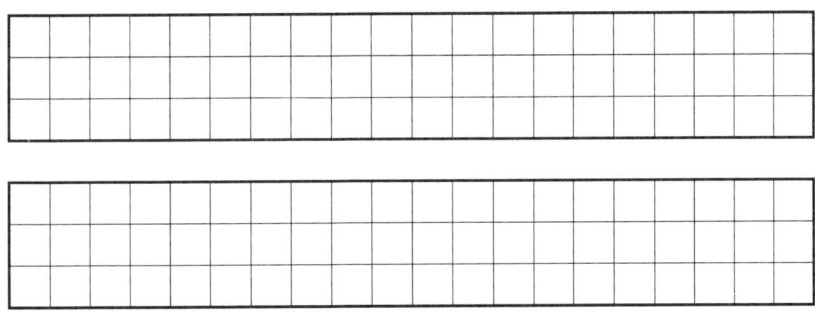

✏️ 해설

네가 백성이라고 해봐. 왕이 자기만 즐거운 것을 찾는다면 백성들 입장에서 보기 좋지 않겠지. 네가 왕이라면 너는 어떻게 하겠니? 진정 훌륭한 왕이라면 자신의 즐거움을 백성과 함께 나눌 수 있는 왕일 거야. 우리도 자신만 즐거워하는 것을 하지 말고, 자신의 즐거움을 친구들이나 형제, 자매 사이에 나누는 학생이 되자.

1-3 어진 정치가 아닌 한 오십 보 백 보

맹자가 말했다.

왕께서 전쟁을 좋아하시니 비유해 말씀드리겠습니다. 어떤 사람은 백 보를 도망간 후 멈추고 어떤 사람은 오십 보를 도망간 후에 멈추었습니다. 이 경우 오십 보를 도망간 사람이 백 보를 도망간 사람을 보고서 비겁하다고 비웃는다면 어떻겠습니까?

왕이 말했다.

옳지 않습니다. <u>오십 보나 백 보나 도망친 것은 마찬가지입니다.</u>

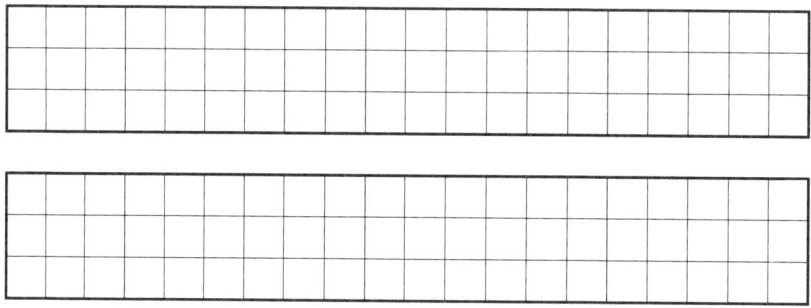

✏️ 해설

친구들 사이를 생각해보자. 친구가 세 번 때렸는데 나는 두 번 때렸다. 그러면 나는 친구보다 나은 사람일까. 아니지 서로 때린 것은 마찬가지야. 친구가 세 번 놀렸는데 나는 두 번 놀렸다. 이 경우는 어떨까. 마찬가지로 둘 다 놀렸다는 것으로 벌을 받아야 해. 이렇게 세상에는 자신의 기준이 아니라 하나님께서 바라보는 기준으로 어떤 일을 평가해야 해. 그게 공정한 거야. 맹자는 이것을 비유해서 오십 보나 백 보나 도망간 것은 마찬가지라고 한 거야.

1-4 어진 사람에게는 대적할 사람이 없다

나쁜 사람들이 백성들을 고통의 구렁텅이에 빠뜨릴 때 왕께서 정벌하면 누가 왕에게 대적할 수 있겠습니까? 그러므로 <u>옛말에 어진 사람에게는 대적할 자가 없다고 했습니다.</u> 왕께서는 제 말을 믿으십시오.

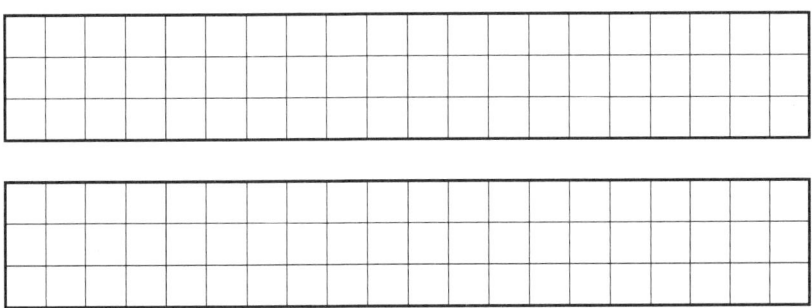

✏️ **해설**

우리가 어질다면 세상에는 우리의 적이 없어지게 될 거야. 어질다는 게 무슨 뜻일까. 그것은 마음이 너그럽고 착하며 슬기롭고 덕행이 높다는 뜻이야. 우리가 어질게 될 때 세상에는 미움과 다툼이 사라지고, 사랑만 남아 온 세계를 파괴하는 전쟁도 없어지게 될 거야. 전쟁이 얼마나 비극적인지는 알고 있겠지? 우리들 생명을 빼앗아갈 뿐만 아니라, 국토를 파괴시키는 일어나서는 안 되는 일이야. 우리 마음을 어질게 먹을 수 있다면, 우리들은 친구들과 싸우지 않게 될 거고, 크게 생각했을 때는 우리나라에도 평화가 올 거야.

1-6 천하 통일을 이룰 사람

누가 통일을 이룰까? 맹자는 이에 사람 죽이기를 좋아하지 않는 사람이 통일을 이룰 것이라고 말했다.

지금 시대는 사람 죽이기를 좋아하는 왕들만 있습니다. 사람 죽이기를 좋아하지 않는 왕이 있다면 백성들이 좋아해 그 사람이 왕이 될 것입니다.

🖋 해설

여기서 알아야 할 것은 생명존중사상이야. 우리들 생명은 하늘로부터 부여받은 것으로 소중한 것이지. 그래서 상대방의 목숨을 빼앗아서는 안 돼. 전쟁이 일어나면 우리들은 서로의 생명을 빼앗기 위해 싸우게 돼. 그러니까 우리가 왕이 된다면, 사람들의 목숨을 소중이 여기는 사람이 되어야 해. 그런 지도자만이 진정 천하를 통일할 사람이니까.

1-7 천하의 통일을 이룰 방법

내 집안의 어른을 공경하는 마음을 미루어서 남의 어른에게까지 이르게 하고, 내 아이를 사랑하는 마음을 미루어서 남의 아이에게까지 이르게 한다면 천하를 손바닥 위에 놓고 움직일 수 있습니다.

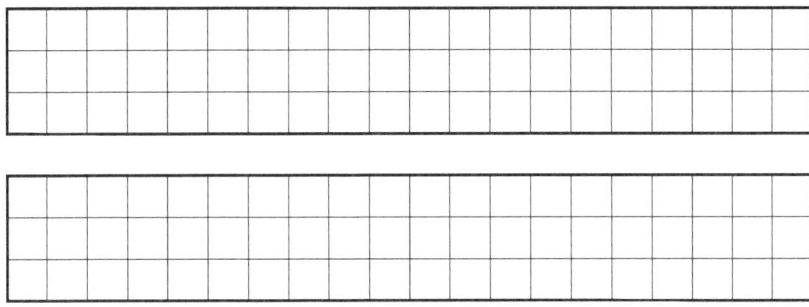

✏ 해설

왕이 해야 할 일은 무엇일까. 옛날에는 대통령이 아니라 왕이었지. 그래서 왕을 오늘날의 대통령이라고 하자. 대통령은 자신의 부모를 소중히 하는 만큼 다른 부모 역시 공경하고, 자신의 아이를 사랑하는 만큼 다른 아이도 사랑해야 돼. 친구들도 다른 친구의 부모님을 공경하고, 다른 집의 친구들의 형제나 자매 역시 소중히 여겨야 돼. 그것이 바로 맹자가 말한 천하의 통일을 이루는 방법이었어.

※ 〈양혜왕 상〉을 읽고 나서 느낀 점과 생각을 적어 봅시다.

 양혜왕 하

2-1 즐거움은 백성과 함께

맹자가 "혼자만 음악을 즐기는 것과 다른 사람과 함께 음악을 즐기는 것 중에서 어느 것이 더 즐겁겠습니까?"라고 묻자 왕은 "혼자 즐기는 것은 다른 사람과 함께 즐기는 것만 못합니다"라고 했다.

다시 맹자가 "몇몇 사람들과 음악을 즐기는 것과 많은 사람들과 함께 음악을 즐기는 것 중 어느 것이 더 즐겁겠습니까?"라고 묻자, 왕은 "<u>몇몇 사람들과 즐기는 것은 많은 사람들과 함께 즐기는 것보다 못합니다</u>"라고 했다.

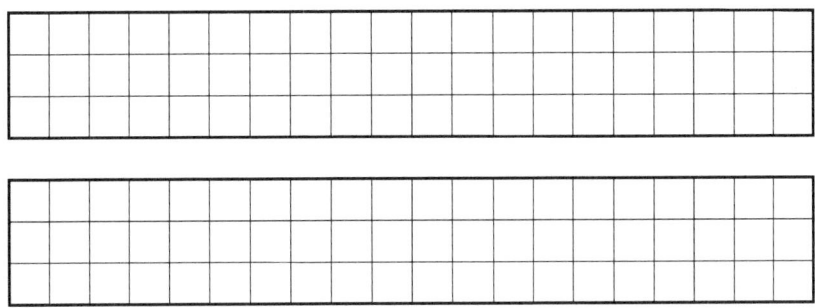

✏️ 해설

여기서는 맹자가 왕이 되는 법을 말하고 있어. 하지만 이것은 기본적으로 우리가 지켜야 할 인간의 도리에 대해서 말하는 것이라고도 볼 수 있어. 왕은 백성들과 함께 음악을 즐겨야 하듯이 우리도 다른 사람과 함께 즐거운 일들을 즐겨야 돼. 그래야 기쁨은 배가 될 수 있지. 슬픔은 나눌수록 반이 되고 기쁨은 나눌수록 배가 된다는 말이 있지. 맹자는 2,500년 전 그 옛날에 이 사실을 이미 알았던 거야.

※ 〈양혜왕 하〉를 읽고 나서 느낀 점과 생각을 적어 봅시다.

공손추 상

<u>3-2</u> 맹자의 장점

공손추가 물었다.

선생님께서 제나라 재상의 직책을 맡아서 선생님의 뜻을 펼치게 되면, 그로 말미암아 작게는 패업을 이루게 되실 것이고, 크게는 왕업을 이루게 되실 것은 분명한 사실입니다. 그런데 그러한 지위에 있으면 선생님께서는 마음이 동요되겠습니까, 그렇지 않겠습니까?

맹자가 대답했다.

그렇지 않을 것이다. <u>나는 사십이 되고부터 마음의 동요가 없어졌다.</u>

✏️ **해설**

우리가 높은 지위에 오르게 되면 마음에 겸손을 잃어 오만해지기 쉽지. 하지만 맹자는 달랐어. 맹자는 지위에 상관없이 변함없는 마음을 가졌던 거야. 그것이 바로 맹자의 장점이자 우리가 맹자에게 배워야 할 것이야. 하지만 맹자 역시 사십이 되어서야 그 경지에 오를 수 있었어. 맹자가 그럴 수 있었던 것은 어릴 때부터 학문과 마음 수양에 힘썼기 때문이야. 우리도 지금부터 학문과 마음 수양에 힘써야 해. 그런다면 우리도 맹자와 같은 경지에 오를 수 있을 거야.

3-3 왕자와 패자의 차이

무력으로 사람을 복종시킨다면 사람들은 진심으로 복종하지 않고, 단지 자신의 힘이 부족하기 때문에 진심으로 억지로 복종한다. <u>덕으로써 사람을 복종시킨다면 진심으로 기뻐하며 진정으로 복종하니, 칠십 명의 제자들이 공자에게 복종한 것이 그 예이다.</u>

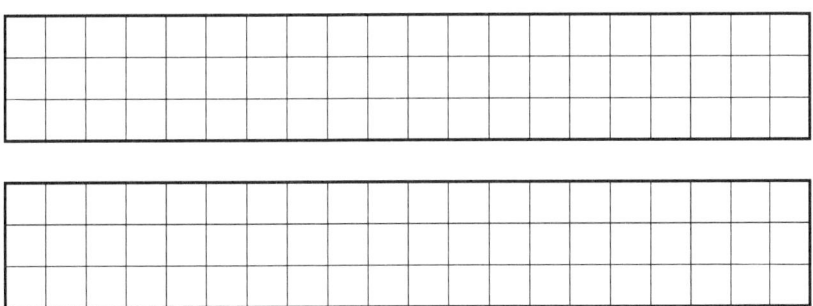

우리는 문제를 해결하기 위해 힘을 쓰는 경우가 많아. 너와 나 사이에 누가 더 나은가를 가리기 위해 힘으로 싸우는 경우도 많지. 하지만 폭력은 좋은 방법이 아니야. 그것은 힘이 약한 사람이 억지로 복종하는 것에 지나지 않아. 하지만 덕으로 사람을 복종시킨다면 사람들은 스스로 복종하게 되지. 그래서 공자에게는 제자들이 많았던 거야. 공자에게 제자가 많았던 것은 공자가 힘이 세서 그런 것이 아니고 그 덕이 누구보다도 컸기 때문이야. 힘을 기르는 것도 중요하지만 마음속의 덕을 기르는 데 힘써 보자. 그러면 세상의 사람들을 이끄는 지도자가 될 수도 있을 거야.

3-5 천하의 왕이 되는 다섯 가지 방법

맹자가 말했다.

현자를 존중하고 능력 있는 사람을 기용해서 덕과 재능이 뛰어난 사람이 합당한 지위에 있게 되면 천하의 선비가 모두 기뻐하며 그 나라의 조정에서 벼슬하기를 원할 것이다.

✎ 해설

우리는 다른 사람의 재능을 볼 수 있는 눈을 가져야 돼. 세상일이란 혼자서 할 수 없는 것이거든. 그건 왕도 마찬가지야. 훌륭한 신하가 없다면 좋은 왕도 역시 존재할 수 없지. 그래서 왕에게 필요한 것은 훌륭한 신하를 볼 수 있는 눈이야. 사람을 알아볼 수 있는 좋은 눈을 가진다면, 타인의 장점을 발견하여 타인을 기쁘게 하고, 결국 그 이익은 나에게도 돌아오기 마련이야.

3-6 네 가지 선의 단서

맹자가 말했다.
사람들은 누구나 차마 남의 고통을 외면하지 못하는 마음을 가지고 있다.

선왕들에게는 차마 남의 고통을 외면하지 못하는 마음이 있었으므로 차마 남의 고통을 외면하지 못하는 정치를 하였다. <u>차마 남의 고통을 외면하지 못하는 마음으로 차마 남의 고통을 외면하지 못하는 정치를 실천한다면 천하를 다스리는 것은 손바닥 위에서 움직이는 것 같이 쉬울 것이다.</u>

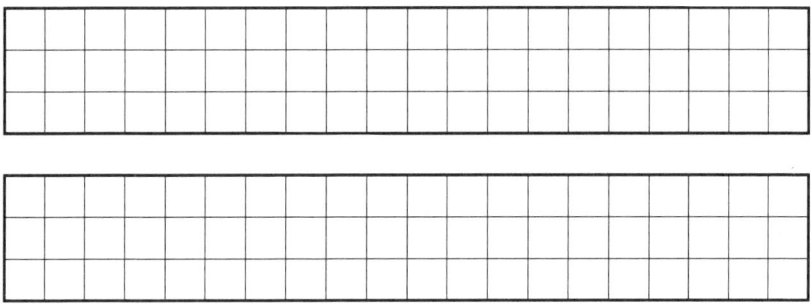

✎ 해설
우리들은 서로 연결되어 있어. 우리가 쉬는 공기를 생각해봐. 우리의 폐로 들어와서 밖으로 나가 또 다른 사람의 폐로 들어가지. 세상 사람들은 서로 연결되어 있기 때문에 혼자서만 기쁠 수도 없고 혼자서만 슬플 수도 없어. 다른 사람이 고통스럽다면 그 고통은 다시 우리들에게 전해지기도 하지. 그래서 우리는 남의 고통에 무관심할 수 없어. 타인의 고통을 외면하지 않고 그것을 우리에게 일어난 일처럼 관심을 가지고 그것을 덜어주려고 노력할 때 우리는 전보다 훨씬 나은 사람이 될 뿐 아니라 천하를 다스릴 수도 있을 거야.

※ 〈공손추 상〉을 읽고 나서 느낀 점과 생각을 적어 봅시다.

공손추 하

4-1 중요한 것은 사람들 사이의 화합

맹자가 말했다.

하늘의 때는 땅의 이로움보다 못하고 땅의 이로움은 사람 사이의 화합보다 못하다.

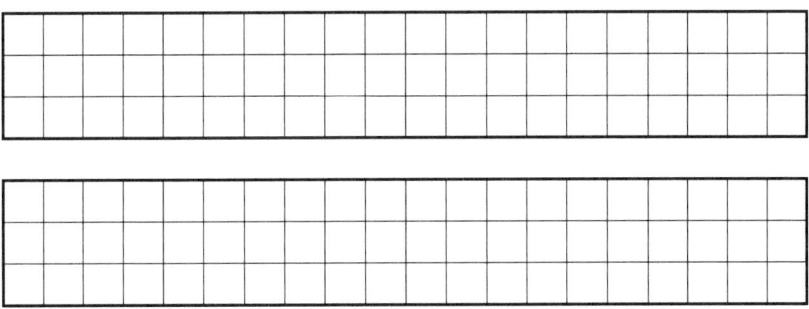

✎ 해설

맹자가 중시 여긴 것은 사람들 간의 화합이야. 평화에 있어서 중요한 것은 사람들 간의 화합이라는 것이지. 마찬가지로 우리가 공부를 할 때 아무리 좋은 필기구와 좋은 시설에서 공부를 한다고 하더라도 서로 싸운다면 공부가 제대로 되지 않을 거야. 중요한 것은 친구들과 사이좋게 지내는 것과 부모님과 선생님과도 좋은 관계를 유지하며 지내는 거지. 그렇게 사람들 간의 화합이 이루어질 때 우리들의 성적과 실력도 쑥쑥 성장할 수 있을 거야.

4-7 군자는 어버이에게 인색하지 않다

맹자가 어머니의 상을 치렀는데, 제자인 충우가 관으로 쓴 재목이 너무 좋지 않으냐고 묻는다. 이에 맹자는 "돌아가신 부모님을 위해 흙이 살갗에 닿지 않게 한다면 자식 된 사람의 마음이 어찌 흡족하지 않겠는가? 내가 듣기로는 <u>군자는 어떤 경우에도 어버이에게 인색하게 하지 않는다고 했다</u>"라고 말했다.

✏️ 해설

우리는 부모님으로부터 많이 받지. 하지만 나이가 든다면 우리는 부모님에게 주는 존재로 바뀌어야 해. 그래서 부모님의 상을 치를 때도 부족함이 없이 치러야 하지. 부모님에게 주는 것을 아까워하는 사람은 효도를 하지 못하는 사람일 뿐만 아니라 큰 인물이 될 수도 없어. 어릴 때 부모님의 아낌없는 사랑을 받은 만큼 자라서 부모님께 아낌없이 주는 사람이 되어 효도를 실천하자.

4-9 옛날의 군자와 오늘날의 군자

옛날의 군자는 잘못이 있으면 고쳤는데, 오늘날의 군자는 잘못이 있어도 그대로 밀고 나갑니다. <u>오늘날의 군자는 잘못을 밀고 나갈 뿐 아니라 그것을 변명하기까지 합니다.</u>

✏️ 해설

나에게 잘못이 있다면 우리는 스스로 그 잘못을 고쳐야 돼. 평소에 잘못을 선생님이나 친구에게 잘못을 지적받으면 변명이나 핑계를 대는 친구들이 많아. 물론 그 순간은 모면하고 벗어날 수는 있겠지만 앞으로도 그렇게 핑계를 대며 벗어날 수 있을까. 자신의 잘못을 지적받았다면 조금은 창피한 느낌이 들 수도 있겠지만 자신의 잘못을 인정하고 고쳐나가는 그런 사람이 되자.

※ 〈공손추 하〉를 읽고 나서 느낀 점과 생각을 적어 봅시다.

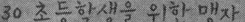

등문공 상

5-1 성인과 우리는 다르지 않다

맹자가 말했다.

성인도 사나이이고 나도 사나이인데 내가 무엇 때문에 성인을 두려워하겠습니까. <u>노력하는 사람은 순임금과 같아질 것입니다.</u>

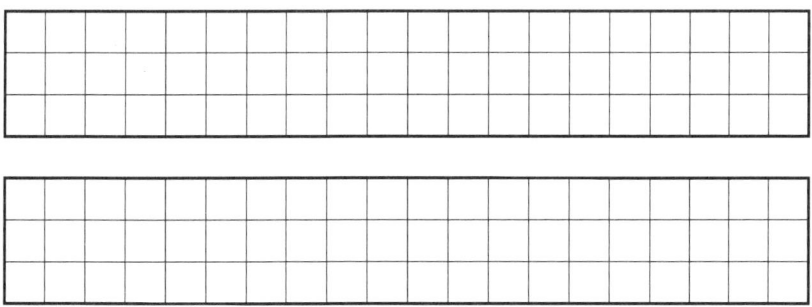

✎ 해설

성인이란 누구일까. 그것은 공자, 맹자 같은 사람, 우리나라로 치자면 퇴계 이황 선생님이나 율곡 이이 선생님과 같은 분을 말해. 그런 사람은 학문과 덕을 닦아 여러 사람들에게 훌륭한 모범이 되었지. 이런 사람은 타고난 것은 아니야. 우리도 노력한다면 이들 선생님처럼 될 수 있어. 그래 그것은 우리들의 선택이야. 우리는 성인의 길을 걸어갈 것인지. 평범한 사람의 길을 걸어갈지 말이야.

등문공 하

6-1 올바른 부름이 아니면 가지 않는다

내가 어떻게 도를 굽혀서 제후들을 따를 수 있겠느냐? 너는 잘못 생각하고 있다. 자기 지조를 굽힌 <u>자가 남을 바르게 한 경우는 없다.</u>

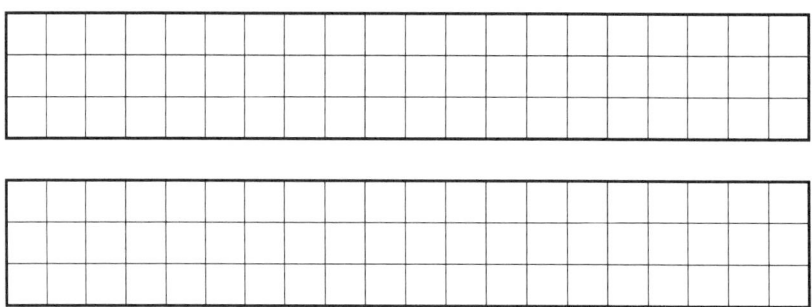

✏ 해설

지조란 무엇일까? 그것은 원칙과 신념을 굽히지 않고 끝까지 지켜나가는 꿋꿋한 의지를 말해. 옛날의 선비들은 이처럼 지조가 있었어. 지조란 자신을 지켜주는 무기야. 지조를 잃어버리고 다른 사람들과 타협하는 사람들 중에는 훌륭한 사람이라고는 없었지. 끝까지 지조를 지키는 사람만이 자신을 바로 세우고 남도 바로 세우는 훌륭한 사람이 된 거야. 그러니까 이것은 오늘날에도 변하지 않아. 자신의 지조를 지키는 사람이 되자.

6-2 진정한 대장부

천하의 넓은 집에 살고, 천하의 올바른 자리에 서서 천하의 큰길을 걸어간다. 관직에 등용되었을 때는 백성들과 함께 그 길을 걸어가고, 관직에 등용되지 못했을 때는 홀로 그 길을 걸어간다. <u>부귀해도 마음이 동요되지 않고 빈천한 상황에 처해도 변함이 없고 위세와 무력에도 지조를 굽히지 않는다.</u> 이러한 사람을 대장부라고 하는 것이다.

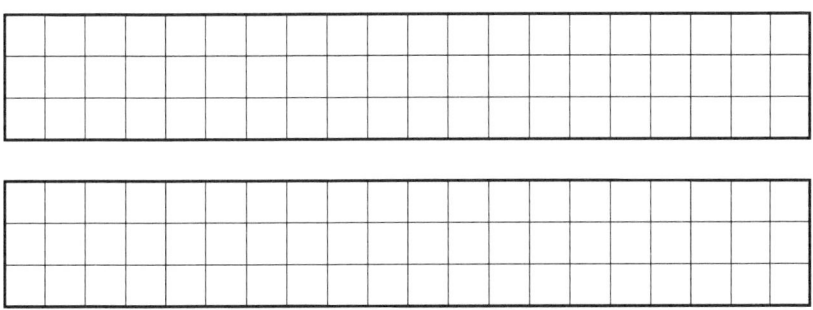

✏️ 해설

멋지게 살아가는 방법을 알려줄까. 이것은 오늘날 누구에게서 배워서 알 수 있는 것은 아니야. 이미 오래전에 쓰인 고전을 살펴보면 잘 알 수 있어. 그 고전이 뭐냐고, 그게 바로 지금 우리가 읽고 있는 《맹자》야. 맹자 선생님은 진정한 대장부, 즉 진짜로 멋있는 사람이 뭔지를 알려줬지. 올바르게 행동하고, 직장이 있을 때나 없을 때나 바르게 행동하고, 부귀를 초월해서 자신만의 뜻을 펼치는 사람이야말로 멋진 대장부라고 한 거야.

6-3 선비와 벼슬 사이

옛날 사람들은 벼슬하기를 원하지 않은 것이 아니었지만 또한 올바른 방법을 따르지 않는 것도 싫어했다. 올바른 방법을 따르지 않고 벼슬길에 나아가는 것은 옳지 못한 일이다.

✎ 해설

세상에는 올바르지 못한 방법으로 출세한 사람이 많아. 그들을 부러워할지는 모르지만, 우리 옛사람들은 그런 걸 원하지 않았어. 정정당당한 방법으로 벼슬하기를 원했던 거지. 우리 어린이들은 학교에서 시험을 보지. 그럴 때 공부 잘하는 아이를 커닝한다면 좋은 성적을 거둘 수 있을 거야. 하지만 커닝을 하는 것은 옳지 못한 행위야. 그래서 옛사람이라면 커닝을 하지 않고 자신의 실력만으로 정정당당하게 시험을 볼 거야. 비록 좋지 못한 성적이라도 내 실력으로 보았기에 당당한 거지. 우리들도 옛사람을 본받아 정정당당하지 못한 부귀영화를 좇는 사람이 되지 말자.

6-8 옳지 못한 일은 바로 고쳐야 한다

맹자가 말했다.

날마다 이웃집의 닭을 훔치는 사람이 있었는데, 어떤 사람이 그 자에게 이런 짓은 군자의 도리가 아니라고 일러주자, 그 사람은 훔치는 숫자를 줄여서 한 달에 한 마리씩만 훔치다가 내년까지 기다린 후에 그만두겠다고 하오. <u>옳지 못한 것을 안다면 빨리 그만두어야지 어째서 내일까지 기다린단 말이오.</u>

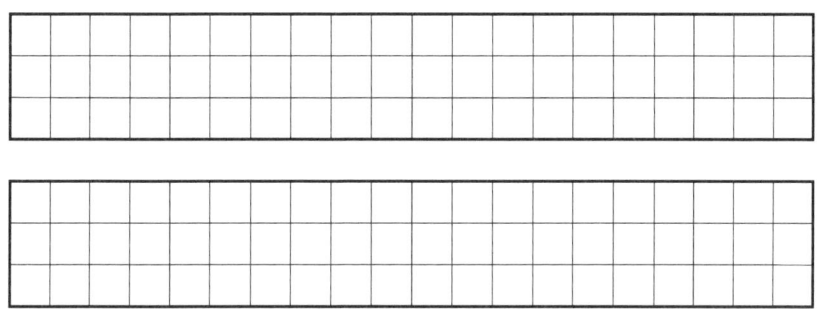

✎ 해설

옳지 못한 일이라면 바로 그만두어야지. 그게 바로 타협 없는 옛 선비들의 모습이야. 남의 물건을 훔치는 자는 옳지 못해 그래서 그 행동을 바로 고쳐야지. 어른들의 모습을 생각한다면, 술이나 담배를 피우는 어른들이 있어. 이런 어른들은 즉시 담배를 끊거나 술을 줄여야 하지. 하지만 그들은 내일모레로 미루면서 행동을 고치려고 하지 않아. 이것은 어린 학생들도 마찬가지야. 스마트폰 게임이나 인터넷에 빠져서 헤어 나오지 못하는 학생들이 많아. 스마트폰 게임은 옳지 못한 것이므로 바로 그만둠으로써 행동을 고쳐야 하지. 몸에 좋은 약은 입에 쓴 법이야. 지금은 게임하는 게 달콤하겠지만 먼 미래를 생각한다면 게임은 내 삶을 좀먹는 벌레라는 것을 알게 될 거야.

※ 〈등문공 상, 하〉를 읽고 나서 느낀 점과 생각을 적어 봅시다.

이루 상

7-1 어진 정치의 중요성

이루의 밝은 시력과 공수자의 뛰어난 손재주가 있어도 컴퍼스와 곡척을 사용하지 않으면 네모 모양과 원 모양을 만들 수 없다. 사광의 예민한 청력이 있어도 육률을 사용하지 않으면 오음을 바로 잡을 수 없다. <u>요순의 도가 있어도 어진 정치를 실행하지 않으면 천하를 평화롭게 다스릴 수 없다.</u>

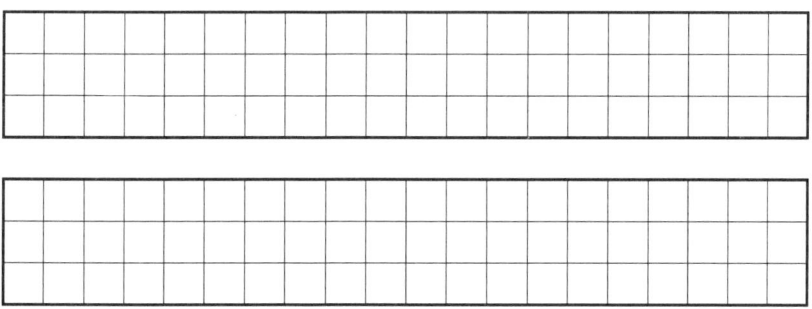

✎ 해설

어진 정치를 해야 천하가 평화롭게 다스려진다는 말이야. 요즘 우리나라의 국회의원과 정부 고위직의 사람들의 모습은 어떠니? 뇌물이니 성 추문이니 하며 국민들의 모범을 보이지 못하는 경우가 많지. 여러분들 중에서도 분명히 국회의원이나 정부의 고위직에 오르는 사람이 있을 거야. 그때 우리는 어떻게 해야 할까? 이전 사람들의 그러했듯이 자신의 이익만을 챙기는 사람이 되어야 할까? 그때에는 어릴 때 배운 맹자의 가르침을 기억하기를 바라. 어진 정치를 하는 자만이 국가의 지도자가 될 수 있다는 사실을 말이야.

7-4 돌이켜 자신에게서 구함

다른 사람을 사랑하는데도 그가 나를 친하게 여기지 않을 경우는 자신의 사랑하는 마음을 반성해보고, 다른 사람을 다스리는데도 다스려지지 않을 경우는 자신의 지혜를 반성해보고, 다른 사람에게 예를 갖추어 대하는데도 그것에 상응하는 답례가 없을 경우는 자신의 공경하는 마음을 반성해보아야 한다.

어떤 일을 하고서 바라는 결과를 얻지 못하면 모두 돌이켜 자신에게서 원인을 찾아야 한다. 자신의 한 몸이 바르면 천하 사람들이 다 그에게로 돌아온다.

《시경》에서는 "영원토록 하늘의 명을 따르니, 스스로 많은 복을 구하는구나"라고 했다.

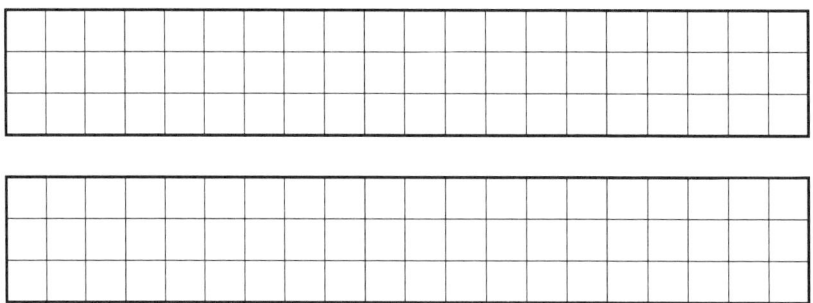

해설

우리는 남을 탓하기 쉬워. 왜냐하면 그렇게 하는 것이 편하기 때문이야. 내 탓을 한다면 괴롭겠지. 하지만 남 탓만 한다면 우리의 상황이나 조건은 변하지 않아. 자신을 고치는 것이야말로 유일하게 상황이나 조건을 바꾸는 길이야. 모든 것의 원인은 자신에게 있다는 것이야. 그래서 자신을 반성해야 한다는 것이 맹자의 가르침이야. 친구 간의 사이가 좋지 않고 자주 다툰다면 친구 탓만 하지 않고 나 자신의 행동을 반성해보는 것은 어떨까? 학교 성적이 좋지 않다면 선생님 탓만 하지 않고 자신의 공부 습관을 반성해보는 것은 어떨까? 그렇게 자신에게서 원인을 찾을 때 우리는 보다 발전하고 나은 사람이 될 수 있을 거야.

7-8 어질지 못한 사람

무릇 사람은 반드시 스스로 업신여긴 후에 남이 업신여기고, 집안도 반드시 스스로 망친 후에 남이 망치고, 나라도 반드시 스스로 공격한 뒤 남이 공격한다. 《서경》의 태갑에서 "하늘이 만든 재앙은 오히려 피할 수 있어도 스스로 만든 재앙에서는 빠져나갈 길이 없다"라고 한 것은 바로 이것을 말한 것이다.

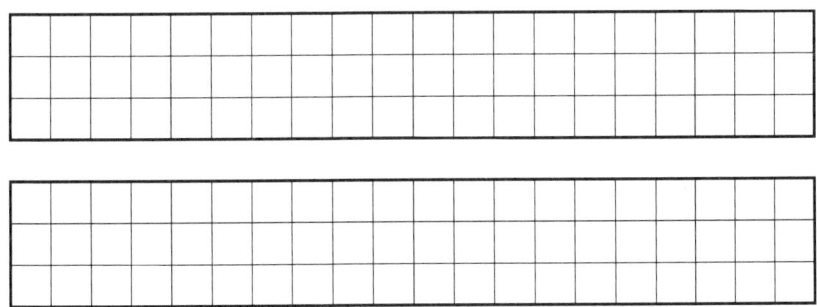

✏️ 해설

모든 것은 우리의 책임이야. 우리 스스로 자신의 존재를 인정하지 않을 때 다른 사람도 우리의 존재를 인정하지 않아. 이것은 자존감과 관련이 있어. 낮은 자존감을 가진 사람은 다른 사람의 평가에 신경을 많이 쓰게 되지. 스스로 당당한 사람은 다른 사람의 시선이나 평가에 개의치 않아. 스스로가 스스로를 존중하지 않으면 다른 사람에게도 존중받지 못해. 그래서 우리는 자신을 존중하고 사랑하는 마음을 갖는 게 필요해. 자기 무덤을 판다는 말이 있어. 스스로 자신을 나쁜 상황으로 몰고 간다는 이야기야. 맹자를 배우는 여러분은 이런 실수를 하지 않길 바라.

7-10 자신을 해치고 내팽개치는 자

맹자가 말했다.

스스로 자신을 해치는 자와는 함께 이야기할 수 없고 스스로 자신을 내팽개치는 자와는 함께 일을 할 수 없다. 말로써 예와 의를 비난하는 것을 스스로 자신을 해친다고 하고, 나 같은 사람은 인에 머물 수 없고 의를 행할 수 없다고 생각하는 것을 스스로 자신을 내팽개친다고 한다.

<u>인은 사람이 사는 편안한 집이고 의는 사람이 걸어가는 바른길이다.</u> 편안한 집을 비워두고 머물지 않으며 올바른 길을 내버려 두고 따라가지 않다니 슬픈 일이로다.

✎ 해설

우리가 꼭 성자여야만 사랑을 하고 의로움을 지킬 수 있는 것은 아니야. 우리는 타고나기를 선하게 태어났어. 우리 안에는 사랑이 깃들어 있고 의로움이 원래부터 있었어. 다만 우리가 그것을 발견하지 못했을 뿐이야. 우리 안에 있는 사랑의 씨앗에 물을 주고 거름을 준다면 씨앗은 싹이 터서 큰 나무로 성장하게 될 거야. 그러니 자신을 해치거나 내팽개치면 안 돼. 우리는 인과 의를 실천할 수 있는 존재야. 그걸 믿어야 돼.

7-11 도는 가까운 곳에 있다

맹자가 말했다.

사람들은 추구해야 할 도가 가까운 곳에 있는데도 먼 곳에서 찾고 해야 할 일이 쉬운 곳에 있는데도 어려운 곳에서 찾는다. 모든 사람이 어버이를 어버이로 섬기고 어른을 어른으로 섬기면 천하가 평온해질 것이다.

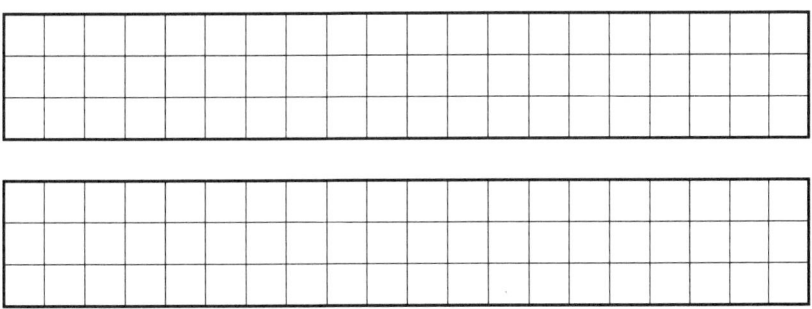

✏️ 해설

우리는 도를 닦는 것이 어렵다고 생각해. 그래서 계룡산에서 10년, 지리산에서 10년, 이렇게 도를 닦는 도사들이나 도를 잘 이해하는 사람이라고 생각하기 쉬워. 하지만 도는 그렇게 산 깊은 곳에까지 들어가서 얻을 수 있는 것은 아니야. 도는 바로 우리 주변에 있어. 부모님 말씀을 잘 듣는 것, 그리고 이웃 어른들에게 인사를 잘하는 것, 그런 사소한 것들이 바로 도를 닦는 행동들이야. 어렵지 않지? 《맹자》는 이렇게 쉬운 책이야. 다만 꼭 실천해야지 바로 맹자 선생님의 제자라고 할 수 있겠지.

7-12 진실함을 추구하는 것은 사람의 도

그러므로 진실함 자체는 하늘의 도이고, 진실함을 추구하는 것은 사람의 도이다. 지극히 진실한데도 남을 감동시키지 못하는 경우는 없고, 진실하지 않는데도 남을 감동시키는 경우는 없다.

해설

우리가 착한 일을 할 때 우리는 진실해질 수 있어. 그래서 진실해지는 방법은 착함을 추구하는 거야. 하지만 세상을 살아갈 때 착하기만 하면 당하는 것 같고 바보처럼 여겨질 때가 있어. 하지만 그럼에도 불구하고 우리는 착함을 추구해야 돼. 우리가 착할 때 우리의 진실함은 드러나고 이 진실함은 남을 감동시켜서 다른 사람이 우리를 신뢰할 수 있는 밑바탕이 되는 거야.

7-13 문왕과 같은 정사

두 노인은 천하의 위대한 노인들인데, 노인을 잘 봉양한다는 말을 듣고 문왕에게 돌아갔으니 이것은 곧 천하 모든 사람의 아버지 되는 이들이 문왕에게 돌아간 셈이다. 천하 모든 사람의 아버지가 문왕에게 돌아가는데 그 아들들이 어디로 가겠는가? 제후와 문왕처럼 정치한다면, 7년 안에 반드시 천하에 군림하여 다스리게 하게 될 것이다.

✏️ 해설

우리들은 노인들을 봉양할 줄 알아야 돼. 그것은 꼭 우리 할아버지나 할머니만을 모시는 것을 말하는 것은 아니야. 자신의 할머니 할아버지에게도 잘하지 못하는 사람은 말할 것도 없지만, 타인의 할머니 할아버지를 공경하기가 쉽지 않다는 것은 알고 있어. 하지만 타인의 부모까지 봉양할 줄 아는 사람은 세상을 다스릴 힘을 가지고 있다는 말이야. 그런 사람은 왕이 되어 천하를 다스리게 될 거야. 꼭 그렇지 못하더라도 남보다 훌륭한 사람이 될 것은 분명해. 그러니까 일단은 자신의 할머니 할아버지부터 잘 대하고, 타인의 할머니, 할아버지에게도 잘하는 학생이 되도록 하자. 그러면 칭찬받아서 좋고, 내 인생이 빛나서 좋으니 나에게는 좋은 일만 생길 게 틀림없어.

7-19 어버이를 섬기는 방법

무엇인들 섬겨야 할 일이 아니겠는가마는 어버이를 섬기는 것이 섬기는 일의 근본이다. 무엇인들 지켜야 할 일이 아니겠는가마는 자신을 지키는 것이 지키는 일의 근본이다.

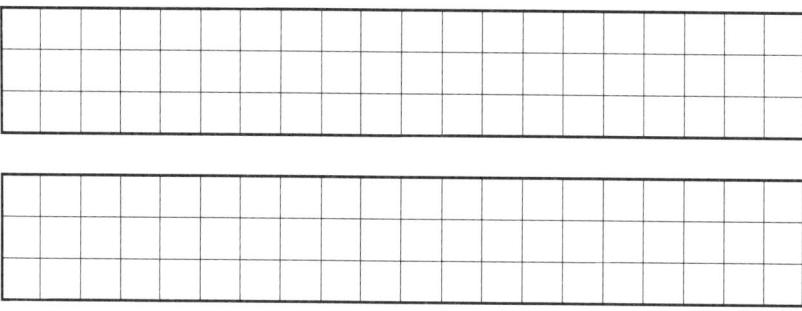

해설

우리가 먼저 섬겨야 할 것은 우리의 부모님을 섬기는 것이야. 물론 나라마다 다르고 서양과 동양에 차이는 있지만, 부모님을 섬긴다는 것은 나라 불문, 국적 불문으로 지켜야 할 가치로 손꼽혀. 물론 동양에서는 서양보다도 효가 더 강조되지. 동양에서는 효를 만물의 근본으로 여겨. 또한 지켜야 할 것은 자기 자신이야. 이것도 효와 관련이 있는데, 부모로부터 받은 몸이기에 소중히 해야 한다는 것이야. 자기 자신을 함부로 하지 않을 때 다른 사람도 존중해줄 수 있고, 보다 나은 사람이 될 수 있을 거야.

7-20 군주의 마음이 바르면 나라가 안정된다

맹자가 말했다.

군주가 잘못 기용한 사람을 일일이 비난할 필요가 없고, 군주의 잘못된 정책을 일일이 비난할 필요가 없다. 오직 덕을 지닌 대인만이 군주의 마음이 비뚤어진 것을 바로잡을 수 있다. 군주가 어질면 어질지 않을 사람이 없고 군주가 의로우면 의롭지 않을 사람이 없고, 군주가 올바르면 올바르지 않을 사람이 없게 된다. <u>일단 군주의 마음이 바르게 하기만 하면 나라가 안정된다.</u>

해설

대통령이 바르게 행동해야 나라가 바르게 안정이 돼. 하지만 우리나라 대통령 중 대다수는 바르지 못한 행동으로 구설에 오르거나 구속이 되거나 하는 불행한 일이 있었어. 이것은 국민들이 제대로 대통령을 뽑지 못하고 그 하는 일을 제대로 감시하지 않아서야. 물론 학생인 여러분은 아직 대통령을 뽑거나 감시하는 일을 할 수는 없어. 그래서 필요한 것이 학급 선거나 전교 어린이 선거와 같은 선거 경험을 통해 올바른 임원을 뽑는 연습을 하는 거야. 이런 경험을 통해 미래 대통령 선거할 때의 판단을 미리 해보는 게 중요해. 바르게 사람을 뽑는다는 것, 그것은 국가의 운명을 좌우지하는 중요한 일이라는 것을 잊지 말자.

7-21 남들의 칭찬이나 비난

맹자가 말했다.

예상하지 못했는데 칭찬받게 되는 경우가 있고, 온전하기를 추구했는데도 비난받게 되는 경우가 있다.

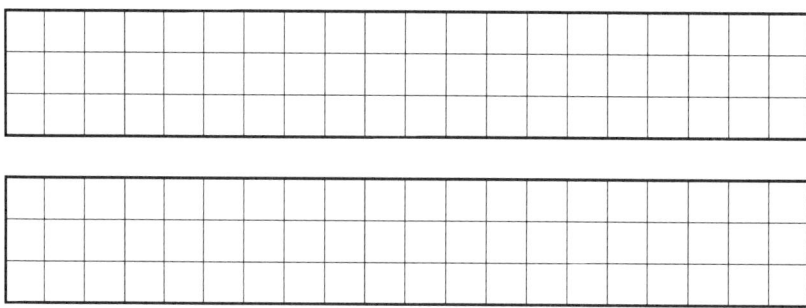

✎ 해설

부처님이 말했어. 갑자기 웬 부처님이냐고? 맹자와 관련이 있으니 들어봐. 부처님은 남의 칭찬이나 비난에 개의치 말라고 하셨어. 맹자 역시 똑같이 말했어. 예상하지 못하게 칭찬받게 되고 노력했는데 비난받는 경우도 있다고 말이야. 그러니까 우리는 남의 판단이나 말에 좌지우지해서는 안 돼. 꿋꿋이 자신을 믿고 자신이 옳다고 생각하는 것을 밀고 나가자. 그것이 칭찬받거나 비난받을지라도 신경 쓰지 말자. 내가 가는 길의 방향이 맞다면 우린 걱정하지 말고 그 길을 묵묵히 걸어가면 되는 거야.

7-22 함부로 하는 말

맹자가 말했다.

<u>사람들이 말을 함부로 하는 것은 책임을 지지 않기 때문이다.</u>

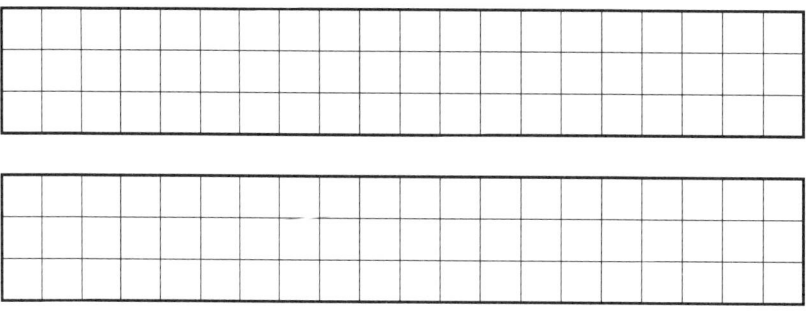

✎ 해설

"말 한마디로 천 냥 빚을 갚는다"라는 말이 있어. 그만큼 말을 잘하는 것이 중요하다는 것이야. 말을 얼마나 잘했기에 천 냥 빚이 없어질 수 있을까? 말을 잘했던 사람 중에는 현대 기업의 창업자 정주영 대표를 들 수 있어. 정주영 대표는 천 원짜리 지폐에 그려진 거북선을 보여주며 세계적인 선박회사와 협상해서 일거리를 땄지. 정주영 대표의 재치와 말솜씨에 그 선박회사 사장이 넘어간 거야. 말은 잘 사용하면 남을 살릴 수도 있지만, 잘못 사용하면 타인을 죽이는 도구가 되기도 해. 인터넷 댓글이 문제가 된 적이 있지. 비난과 악플에 시달려 자살하기도 하고, 좋아요나 댓글이 많이 달리면 세상을 다 얻은 것처럼 기쁘기도 해. 우리는 이처럼 말의 세상에 살고 있어. 우리가 말을 잘 사용하려면 일단은 말을 함부로 사용해서는 안 돼. 한 번 내뱉은 말은 주울 수 없다는 것을 기억해. 말하기 전에 한 번 더 생각하고 말하는 습관을 가지도록 하자. 예쁜 말 고운 말을 사용한다면 그 사람의 얼굴 역시 예쁘고 고운 얼굴로 바뀌게 될 거야.

7-25 악정자를 꾸짖다 2

맹자가 악정자에게 말했다.

그대가 자오를 따라서 여기에 온 것은 단지 먹고 마시기 위해서이다. 나는 그대가 옛 성인의 도를 배워 그것으로 먹고 마실 방편으로 삼을 줄은 몰랐다.

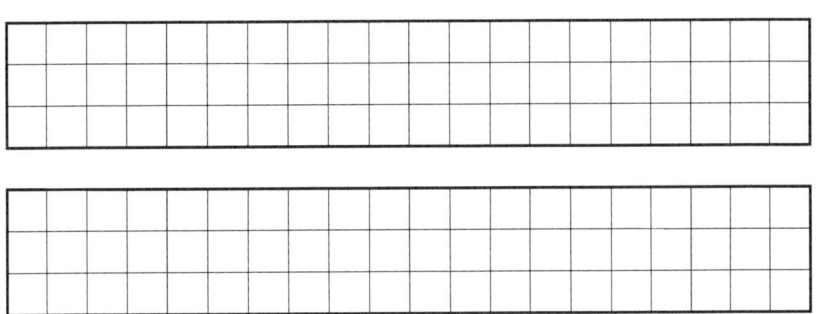

✏️ **해설**

우리가 공부를 하는 목적은 무엇일까? 돈을 많이 벌기 위해서일까? 공부가 수단이나 목적이 되어서는 안 돼. 공부는 공부 그 자체로 의미가 있는 거야. 그리고 공부는 우리를 성인으로 이끄는 하나의 길이야. 그런 공부가 단지 자신의 이익을 얻기 위한 수단으로 변질된다면 공부라는 것에 대해 회의감을 느끼게 될 거야. 지금 우리나라 공부가 문제가 되는 것은 진정한 자신을 수양하기 위한 공부가 실종되었기 때문이야. 모두 좋은 대학, 좋은 직장, 좋은 결혼 상대를 만나기 위한 공부로 변질되어 있지. 하지만 1%의 소수의 사람들은 옛 성인들의 공부의 길을 걷고 있어. 그 1%의 사람들에게 희망을 느낄 수 있어. 그 1%의 사람들의 세상을 밝게 하고 어두운 미래를 밝게 비추는 촛불 역할을 할 거야. 스스로 공부하는 그 1%가 되지 않으련?

7-28 크나큰 효도

순임금은 아버지를 섬기는 도리를 극진하게 해서 아버지인 고수가 진심으로 기뻐하게 되었는데, 고수가 진심으로 기뻐하게 되자 천하가 교화되었고 <u>고수가 진심으로 기뻐하게 되자 천하의 아버지와 자식들의 관계가 안정되었으니 이런 것을 일러 크나큰 효도라고 한다.</u>

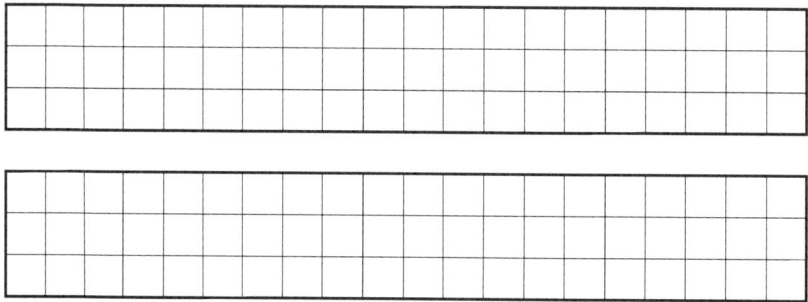

해설

자신의 아버지를 섬기는 것은 단지 자신의 아버지만을 섬기는 것이 아니야. 자신의 부모를 기쁘게 하는 사람은 앞서 말한 것처럼 천하를 다스릴 수 있지. 순임금의 아버지가 진심으로 기뻐하자 천하의 부자 관계가 모두 안정을 찾았다는 것이야. 이로써 지도자의 덕목이 무엇인지 알 수 있겠지? 동양에서 가장 중요하게 생각했던 지도자의 덕목은 효야. 그것도 크나큰 효도를 해야 한다고 생각했지. 이런 효는 〈사자소학〉에도 잘 나와 있어. 천자문을 배우기 전에 배운다는 〈사자소학〉이라는 책에는 이런 효의 기본이 잘 나와 있어. 이 책 《맹자》를 읽고 나서는 혹은 읽기 전에 〈사자소학〉이라는 책을 찾아서 읽어보길 바라. 우리가 직접 실천할 수 있는 효를 알기에 유용할 거야.

※ 〈이루 상〉을 읽고 나서 느낀 점과 생각을 적어 봅시다.

이루 하

8-8 해서는 안 될 것과 해야 할 것

맹자가 말했다.

사람이란 하지 않은 것이 있은 후에야 무엇인가 하는 것이 있게 된다.

✎ 해설

우리는 인간으로 태어났어. 그것은 대단히 소중한 기회이기는 하지만 지켜야 할 것도 있지. 그것이 바로 인간과 동물의 차이야. 동물이라면 아무렇게나 살아도 되겠지만 사람으로 태어났기에 우리는 지켜야 할 행위가 있는 거야. 그것은 하지 말아야 할 것도 있다는 뜻이야. 그런 도덕이 바로 섰을 때 우리는 진정으로 충만한 삶을 만끽할 수 있어. 꼭 기억하자. 내가 하지 말아야 할 행동을 하지 않았을 때 우리를 기쁘게 하는 행동 역시 할 수 있다는 것을 말이야.

8-9 남에 대한 비방의 경계

맹자가 말했다.

<u>남의 나쁜 점을 말한다면 닥쳐올 후환을 어떻게 감당할 것인가?</u>

✎ 해설

우리는 남의 나쁜 점을 말하기 쉬워. 왜냐하면 그것은 글자 그대로 쉽기 때문이야. 남의 단점은 잘 보이고 그것을 말하는 것은 쉬운 일이야. 하지만 그렇게 한다면 상대방은 기분이 나쁘겠지. 그래서 상대방은 복수를 하듯이 나의 단점을 비판할 것이고, 곧 싸움이 일어나 끊이질 않게 될 거야. 맹자 역시 그 점을 경계했어. 남의 나쁜 점을 말한다면 닥쳐올 후환을 어떻게 할 것이냐고 물었던 거야. 우리는 타인과 싸우지 않고 소중한 인연을 이어갈 때 나쁜 것이 사라지고 좋은 것이 오는 운이 좋은 사람이 될 수 있어. 그렇다면 오늘부터 실천할 수 있는 한 가지 행동을 말해줄게. 남의 나쁜 점 보지 않기! 말하지 않기!

8-10 공자의 사람됨

맹자가 말했다.

공자께서는 너무 지나친 것은 하지 않으신 분이다.

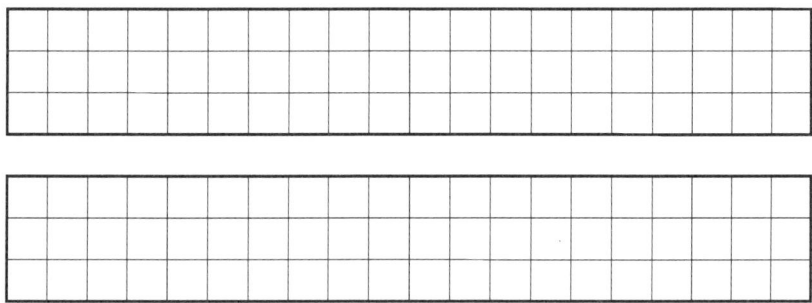

✎ 해설

맹자는 공자의 학문을 그대로 이어받았어. 맹자는 공자보다 뛰어난 사람은 없다면서 공자를 극찬했던 사람이야. 공자가 누구냐고? 그것은 《논어》라는 책을 읽어보길 바라. 《논어》를 읽으면 공자가 누구인지 알 수 있을 거야. 여기서는 맹자에 대해 살펴보자. 맹자는 공자가 너무 지나친 것은 하지 않으신 분이라고 말했어. 과유불급이라는 말이 있어. 지나친 것은 부족한 것만 못하다는 말이야. 우리는 어떤 일이든 너무 심하게 해서는 안 돼. 게임, TV 시청, 놀기와 같은 것들을 지나치게 많이 한다면 우리들은 건강한 삶을 살 수 없을 거야. 이것은 공부도 마찬가지야. 그렇다고 너무 공부만 많이 한다면 정상적으로 성장할 수 없을 거야. 무슨 일이든지 적당한 것이 좋은 법이지. 그래서 공자는 너무 지나친 것은 하지 않았는지도 몰라. 맹자 역시 공자의 제자를 자청했으니 너무 지나친 것은 하지 않았겠지. 그럼 여러분도 너무 지나친 것은 하지 않는 어린이가 되기로 약속하자.

8-14 스스로 체득하는 것의 중요성

맹자가 말했다.

군자가 올바른 도로써 사물을 깊이 탐구해 들어가는 것은 스스로 체득하기 위해서이다. 스스로 체득하게 되면 사물을 대하는 것이 편안하게 된다. 사물을 대하는 것이 편안하게 되면, 그것에서 취해서 축적하는 것이 깊어진다. 취해서 축적하는 것이 깊어지면 자신의 가까운 곳에서 이치를 탐구하여도 그 근본적인 이치와 만나게 된다. <u>그러므로 군자는 스스로 체득하기를 바라는 것이다.</u>

✎ 해설

공부는 선생님이 가르쳐 주는 것이지만 스스로 할 줄 알아야 돼. 혼자서 공부하는 독학이야말로 가장 효율적이고, 효과적인 학습법이지. 선생님께 의존하지 말고 스스로 공부하는 습관을 어려서부터 들여 보자. 그러면 나이가 들어서도 선생님 말씀만 듣지 않고 스스로 학문을 해나가는 자세를 터득할 수 있을 거야. 맹자는 이미 오래전에 이 사실을 알았던 거야. 그래서 군자는 스스로 체득해야 된다고 한 거야.

8-15 폭넓게 배우고 자세하게 설명하는 이유

맹자가 말했다.

<u>폭넓게 배우고 자세하게 설명하는 까닭은 장차 핵심적인 요점을 말하는 것으로 되돌아오기 위해서이다.</u>

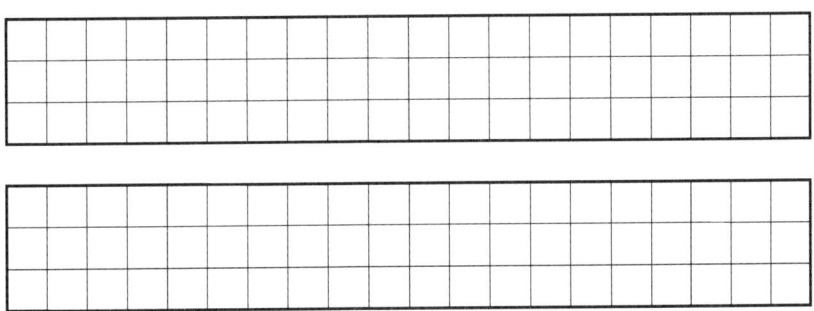

✏️ 해설

우리가 여러 가지를 많이 배우는 것은 다 이유가 있어. 맹자는 그 이유를 핵심적인 요점을 배우기 위해서라고 말하고 있어. 물론 요점정리는 선생님이 해줄 수 있어. 하지만 선생님이 해준 요점 정리를 외우기만 하는 학생은 남의 말을 따라 하는 앵무새나 원숭이와 다를 바 없어. 스스로 핵심을 파악해 요점 정리하는 능력, 이것이 바로 21세기에 필요한 능력이야. 지금은 인터넷이 발달해 어디서나 정보를 많이 얻을 수 있어. 핵심을 찾는 능력을 가진다면, 직장에 들어가서도 아주 일을 잘할 수 있을 거야. 결과적으로 행복한 인생이 될 수 있을 거야.

8-17 진실성이 결여된 말

맹자가 말했다.

<u>말에 진실함이 없다면 상서롭지 못하다.</u> 상서롭지 못한 말의 실질로는 남의 재능을 은폐하는 것이 그에 해당한다.

✎ 해설

진실함이 없는 말은 복되고 좋은 일이 일어나지 못하는데, 그 대표적인 경우가 재능을 가진 사람을 험담하거나 무고해 그의 재능을 남들이 알지 못하게 하는 것이라는 뜻이야. 우리 주변에는 잘난 사람이 많아. 그래서 질투심을 느껴 험담하거나 시기하는 경우도 많이 있어. 하지만 그것은 해서는 안 되는 일이야. 그런 말을 할 때 우리의 진실성은 사라져. 그러면 결과적으로 아무도 우리 말을 믿어주지 않게 되겠지. 언제나 진실만을 말해서 남에게 믿음을 줄 수 있는 사람이 되도록 하자.

8-19 사람과 금수의 차이

맹자가 말했다.

<u>사람이 금수와 다른 점은 지극히 미미한데, 보통 사람들은 그것을 내버리고 군자는 그것을 보존한다.</u> 순임금은 사물의 이치에 밝았고 인륜을 잘 살펴서 인과 의에 따라 실천했을 뿐, 인과 의를 억지로 실천한 것이 아니다.

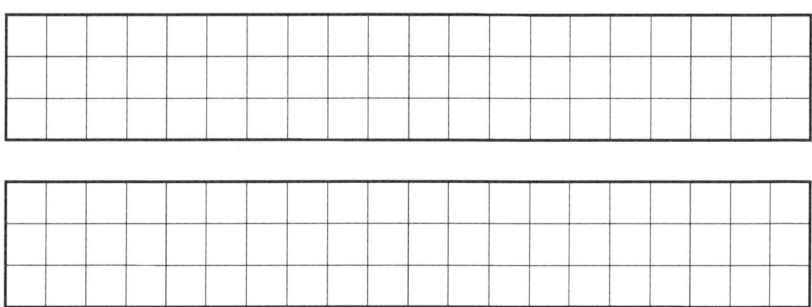

✏️ 해설

인간은 동물이야. 하지만 동물과는 다른 점이 있어. 하지만 그것은 얼마 되지 않는 차이점이야. 그래서 사람은 잘못하면 동물과 같은 존재가 될 수도 있어. 하지만 맹자는 군자라면 그것을 보존해 사람이 사람답게 살 수 있다고 주장했어. 그것은 어려운 것이 아니라, 사물의 이치나 인륜을 잘 살펴서 인과 의를 실천하는 것에 있다고 하였어. 인과 의를 실천하지 못한다면 사람은 동물과도 같은 존재가 된다는 말이지. 이것은 꼭 성인들만이 할 수 있는 것은 아니야. 평범한 우리들도 노력에 따라서는 동물과는 다른 존재인, 인과 의를 지키는 사람이 될 수 있는 거야.

8-20 옛 성인들의 행적

맹자가 말했다.

우임금은 맛있는 술을 싫어하고 선한 말을 좋아했다. 탕왕은 중용의 도를 지키고 현능한 사람을 기용했다. 문왕은 백성을 가엾게 여겼고 무왕은 가까운 사람을 함부로 대하지 않고 먼 곳에 있는 사람도 잊지 않았다.

<u>주임금은 우임금, 탕왕, 무왕, 문왕의 덕을 두루 갖추고 그들이 했던 네 가지 일을 실천하고자 했다.</u>

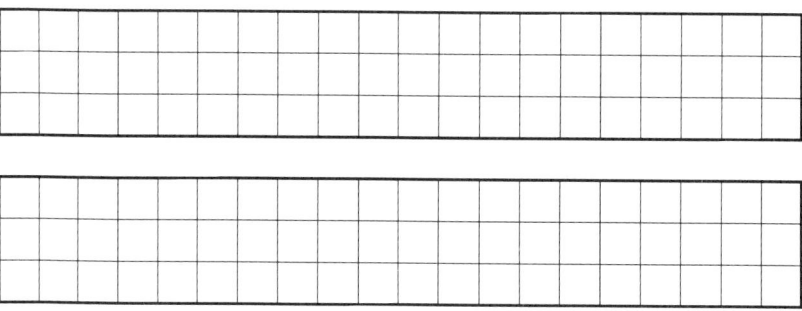

✏️ 해설

여기서는 맹자가 옛 성인들의 모습을 말하고 있어. 그들은 물론 모두 훌륭한 분들이었어. 하지만 그들이 훌륭했던 것은 자신이 아는 일을 실천했기 때문이야. 아무리 좋은 도덕이라고 할지라도 실천하지 않으면 그것은 공염불에 지나지 않아. 우리가 머리로만 좋은 일을 알거나 또는 말로만 좋은 것들에 대해 말할 때는 그것은 의미 없는 일이야. 우리가 직접 손발을 움직여 실천할 때 우리는 옛 성인의 발자취를 조금이나마 따라갈 수 있을 거야. 그러니 실천하는 것을 잊지 말자.

8-25 용모가 중요한 것이 아니다

맹자가 말했다.

서시처럼 예쁜 여자도 오물을 뒤집어쓰고 있으면 사람들은 모두 코를 막고 지나갈 것이다. 반면에 비록 추하게 생긴 사람이라도 목욕 재개하면 상제에게 제사 지낼 수 있다.

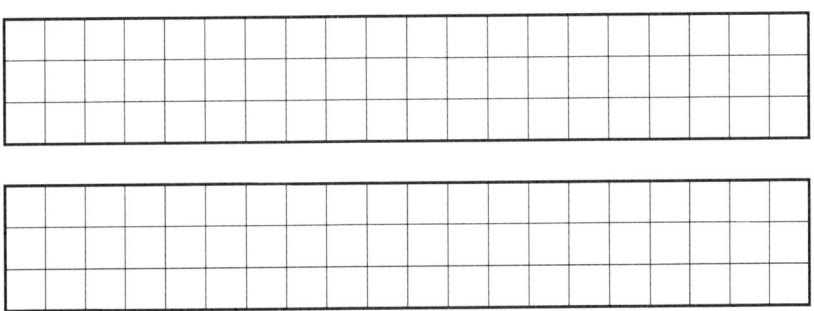

✏️ 해설

우리 사회에는 얼짱 열풍이 있어. 얼굴이 예쁘거나 잘생긴 사람을 추종하는 것을 말해. 그리고 성형외과에는 더 예뻐지려고 수술받으려고 하는 사람이 몰려와 인산인해를 이루지. 하지만 외모지상주의 사회는 잘못된 거야. 외모는 그렇게 중요한 것이 아니야. 진정 중요한 것은 그 사람이 어떤 마음가짐을 가지고 어떤 생각이 머리에 들어있는가가 중요한 것이지. 그래서 맹자는 서시처럼 예쁜 여자도 사람들이 피해갈 수 있고, 못생긴 사람도 제사 지내는 중책을 맡을 수 있다고 한 거야.

8-28 군자의 걱정거리

어떤 사람이 자신을 도리에 어긋나게 대할 경우, 군자는 스스로 반성한다. 스스로 반성해 보아도 자신이 어질게 행동했고 스스로 반성해보아도 예를 지켰는데도 어떤 사람이 도리에 어긋나게 행동하면 다시 스스로 반성한다.

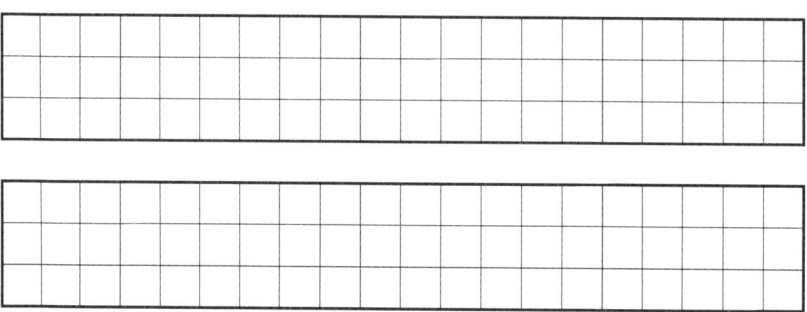

해설

우리는 누군가와 싸울 때 남 탓하기 쉬워. 쟤가 먼저 그래서, 쟤 때문에… 이렇게 핑계 대는 경우가 많아. 하지만 군자는 그렇지 않아. 무슨 일이 생기면 자신을 스스로 반성하는 거야. 자신에게 잘못은 없을까, 내 행동이 남에게 피해를 주지 않았을까를 스스로 반성한다는 거야. 그래도 또 상대가 화나게 한다고 하더라도 또다시 자신을 반성한다는 거야. 군자의 마음이 얼마나 넓고 뜻이 얼마나 깊은지 알겠지. 그런 사람이라면 아마 상대방이 자신의 잘못을 인정하고 용서를 빌게 될 거야. 우리가 닮아야 할 사람은 남 탓을 하는 예의 바르지 못한 사람이 아니라 자신 스스로 반성하는 군자 같은 사람이야.

8-28 군자의 걱정거리

군자에게 있는 걱정거리는 이러한 것이다. 순임금도 사람이고, 나도 사람이다. 그런데 순임금은 세상 사람들의 모범이 되어서 그 명성이 후세에 전해지고 있는 반면, <u>나는 아직 시골의 평범한 사람에서 벗어나지 못하고 있구나. 이러한 것이야말로 걱정거리로 삼을 만하다.</u>

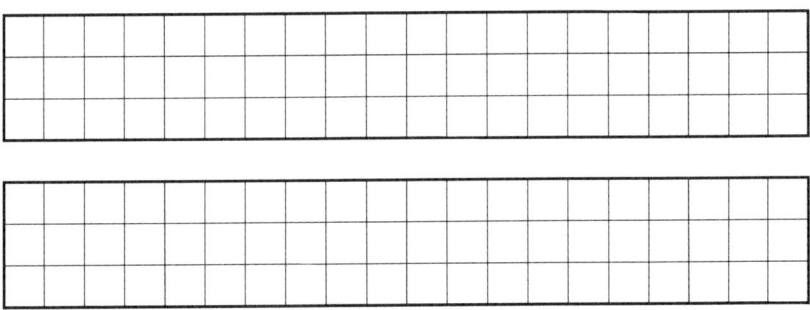

✎ 해설

군자는 먹을 것 가지고, 타인의 말과 행동 가지고 근심하지 않아. 왜냐하면 군자는 큰 사람이기 때문이야. 그래서 군자는 순임금과 같이 위대한 자아의 완성을 이뤄 명성이 알려진 인물을 바라보며 그와 같이 되지 못한 것을 근심해. 왜냐하면 순임금도 사람이고 자신도 사람인데 누구나 내면에는 도덕적 자아의 완성을 위한 싹을 가지고 태어나기 때문이야. 군자는 그런 것들을 걱정하기 때문에 부귀영화를 누리겠다는 생각은 하지 않아. 가난하게 살더라도 자신의 신념을 추구하는 삶을 살기 때문에 곤궁한 삶을 살더라도 즐겁게 살 수 있는 거야.

8-29 우임금과 후직 그리고 안회의 공통점

맹자가 말했다.

우임금과 후직 그리고 안회가 추구한 도는 하나였다. 우임금은 세상 사람 중에 물에 빠진 자가 있으면 마치 자신이 물에 빠뜨린 것처럼 생각했고, <u>후직은 세상 사람 중에 굶주린 자가 있으면 마치 자신이 굶주리게 한 것처럼 생각했으므로 그렇게 다급하게 사람을 구제했던 것이다.</u>

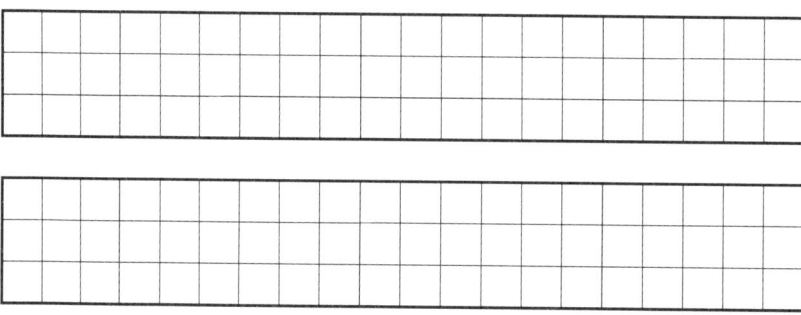

✏️ 해설

우임금과 후직, 안회는 남의 일을 자신처럼 생각했어. 그래서 남이 곤궁한 상태에 빠질 때 바로 남을 도왔던 거야. 우리는 남의 어려움을 그냥 바라만 보고 있는 것은 아닐까. 누군가 돕겠지 하면서 방관하지는 않았을까. 우리 주변에는 주위 사람들의 도움을 필요로 하는 많은 사람들이 있어. 질병에 걸린 사람, 독거노인들, 갈 곳이 없는 노숙자들 등등이 있지. 이런 사람들을 돕는 따뜻한 손이 있을 때 우리 사회는 차갑지 않고 사람이 살 만한 곳으로 바뀌어 갈 수 있어. 지금부터라도 작은 도움이라도 실천하는 우리들이 되자. 우리나라의 미래는 우리 손으로 바꾸어 나갈 수 있어. 작은 실천으로 말이야.

8-32 요순조차 다 같은 사람일 뿐

제나라 재상인 저자가 물었다.

왕께서 사람을 시켜 선생을 몰래 살펴보게 하였는데, 선생에게서는 과연 남들과 다른 점이 있는지요?

맹자가 대답했다.

어찌 남들과 다르겠소? 요순과 같은 성인도 보통 사람과 같을 뿐인데요.

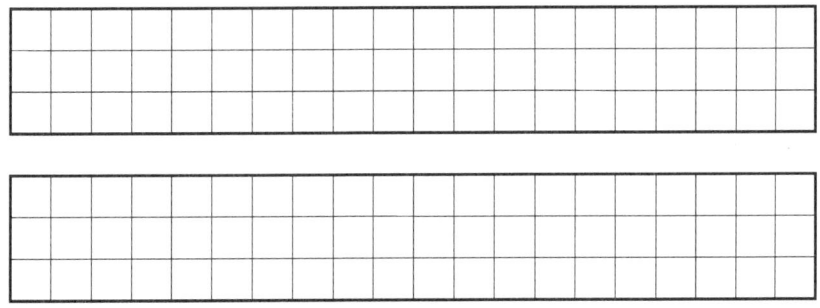

✎ 해설

요순과 같은 성인이 누구일까? 옛날 살기 좋은 시대가 있었어. 그때 통치하던 왕이 있었는데 그 왕이 요임금과 순임금이라서, '요' 자와 '순' 자를 따서 요순시대라고 해. 백성들이 살기 좋았던 꿈같은 시대를 말할 때 쓰여. 그래서 요순을 '성인'이라고 하는데 성인은 소크라테스, 예수, 부처, 공자와 같은 사람을 말해. 하지만 이런 성인들도 일반 사람들과 다른 특별한 것이 있는 것은 아니야. 맹자는 이것을 알고 요순일지라도 보통사람과 다를 바 없다고 이야기한 거야. 이 말은 희망을 줘. 왜냐하면 우리도 노력에 따라 요순과 같은 성인이 될 수 있다는 것을 맹자가 말했기 때문이야.

※ 〈이루 하〉를 읽고 나서 느낀 점과 생각을 적어 봅시다.

 만장 상

9-1 순임금의 효

사람은 어려서는 부모를 사모하다가 아름다운 여자를 알게 되면, 젊고 아름다운 여자를 사모하고, 처자식이 생기면 처자식을 그리워하고, 벼슬을 하면 군주를 사모하고 군주의 신임을 얻지 못하면 마음을 태운다. 그러나 큰 효자는 죽을 때까지 부모를 사모한다. <u>오십이 되도록 부모를 사모하는 경우를 나는 순임금에게서 보았다.</u>

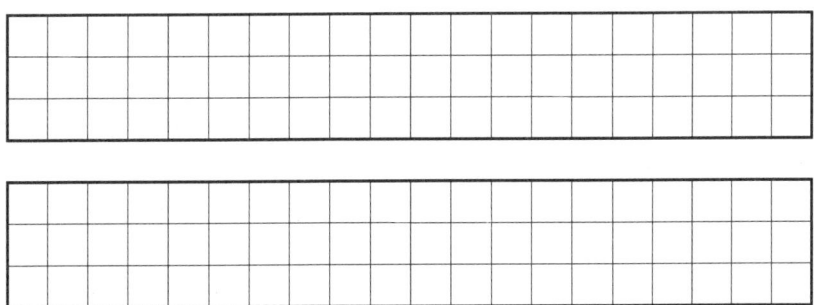

✎ 해설

지금은 여러분이 어려서 부모님 말씀을 잘 듣겠지만 나이를 먹어 청년이 되면 연애를 하면서 젊고 아름다운 여자, 남자에게 빠져 부모님의 말씀을 잘 듣지 않을 때도 있을 거야. 그러다가 결혼을 하게 되면 처자식에게 정신을 모두 바치고, 직장에 들어가면 직장 상사 밑에서 그의 말만 들으면서 직장 생활을 해야 할 날이 올 거야. 하지만 순임금은 달랐어. 순임금은 나이가 오십이 되도록 오직 부모만을 사모한 거야. 그래서 순임금을 큰 효자라고 부른 거야. 여러분들도 많은 고민과 고통이 있겠지만 죽을 때까지 부모님의 은혜를 잊지 말도록 하자. 그렇다면 큰 효자는 아니더라도 부모님을 생각할 줄 아는 멋진 어린이가 될 수 있을 거야.

9-5 천하는 하늘이 주는 것

맹자가 말했다.

순에게 제사를 주관하게 하자 모든 신들이 제사를 받아들였으니, 이것이 곧 하늘이 받아들인 것이다. 또 순에게 정사를 맡기자 정사가 잘되어서 백성들이 편안하게 되었으니, 이것이 곧 백성들이 받아들인 것이다. <u>하늘이 천하를 주고 백성들이 천하를 주는 것이므로 천자가 천하를 남에게 줄 수 없다고 한 것이다.</u>

✏️ 해설

천하는 하늘이 주는 것이라는 말이 있어. 그만큼 천자, 즉 왕, 오늘날의 대통령이 된다는 것은 어렵다는 이야기야. '진인사대천명'이라는 말이 있어. 사람이 할 일을 다 하고 하늘의 뜻을 기다린다는 거야. 사람은 하늘의 명령을 잘 들어야 돼. 하늘이 무엇일까. 옛사람은 사람이 하늘이라고 하였어. 온 백성의 마음, 그것이 즉 하늘인 거야. 세상 사람들의 뜻이 하나로 모이면 그 사람은 천자가 될 수 있었어. 온 백성이 받아들이지 않는다면 그 사람이 아무리 뛰어나고 훌륭하다고 해도 천자가 될 수 없었지. 이것은 오늘날의 국민 투표와도 비슷해. 아무리 잘난 사람이라도 사람들이 그 사람을 뽑지 않으면 대통령이 되지 못하는 것처럼 말이야. 무슨 일을 할 때는 최선을 다하고, 하늘의 뜻을 기다리자. 자신의 뜻이 틀리지 않다면 하늘도 우리를 버리지 않을 거야.

9-6 천하는 덕으로 차지하는 것

대를 물려가며 천하를 차지하는데도 <u>하늘이 망하게 하는 것은 반드시 걸왕이나 주왕과 같은 폭군의 경우이다.</u> 그런 까닭에 익과 이윤과 주공은 천하를 차지하지 못했다.

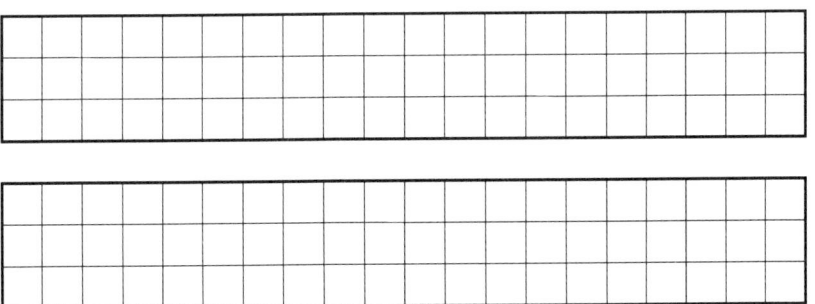

✏️ 해설

독불장군은 오래가지 못해. 폭군은 더할 것도 없지. 자신의 마음대로 폭력을 휘두르는 자는 하늘이 그 사람을 왕으로 인정하지 않아. 곧 그 사람은 왕의 자리에서 내려오게 되지. 왕이 된다는 것은 운이 좋다는 이야기야. 태어나면서부터 왕으로 정해지니까. 하지만 그런 강운도 자신의 행동이 바르지 못하면 오래가지 못해. 하늘이 가만두지 않고 그 사람을 망하게 하니까. 말이야. 사실 자신의 행동이 올바르지 못해서 백성들을 다스릴 자리에 설 사람이 못 되는 거야. 그러니까 천하는 덕으로 차지하는 거야. 마음이 어질고, 덕으로써 백성들을 다스리면 백성과 왕이 모두 행복한 그런 행복한 나라가 될 거야.

9-7 정치는 자신의 몸을 바르게 하는 것부터

나는 자신을 굽혀서 남을 바르게 한다는 말은 듣지 못했는데 하물며 자신을 욕되게 하여 천하를 바로 잡을 수 있겠는가? 성인의 행동은 한결같지 않아서 혹은 멀리 있기도 하고 혹은 가까이 있기도 하며, 혹은 떠나기도 하고 혹은 떠나지 않기도 하지만, <u>결국은 자기 몸을 깨끗하게 하는 것으로 귀결될 뿐이다.</u>

✏️ 해설

옛말에 수신이라는 것이 있어. 자신을 갈고닦는다는 이야기이야. 이것은 몸을 깨끗이 하는 목욕을 의미하는 것이 아니라, 정신과 생각을 바르게 집중한다는 이야기야. 성인의 행동은 때에 따라 다르지만, 꼭 수신할 것을 잊지 않는다는 거야. 즉, 정치는 자신의 몸을 바르게 하는 것부터 시작된다는 거지. 이것은 꼭 다른 사람의 눈에 보일 때만 그렇게 하는 것이 아니야. 진정한 수신이라면 남이 보거나 보지 않을 때나 똑같이 마음을 깨끗이 하고 생활한다는 거야. 그래서 우리는 늘 수신하는 태도를 지녀야 돼.

9-8 공자의 나아감과 물러남

<u>공자는 벼슬하는 것은 천명에 달려 있다고 했다.</u> 공자께서는 예에 의거해 관직에 나아가고, 의에 의거해 관직에서 물러났으므로 관직을 얻고 얻지 못하는 것은 천명에 달려 있다고 했던 것이다.

✎ 해설

맹자가 공자를 따랐다는 것은 앞서 말한 바 있어. 공자는 맹자의 가야 할 길이자 따라야 할 정신적 스승이었어. 왜냐하면 맹자가 살았던 시대는 공자가 죽은 지 100년이 넘은 시기였으니 말이야. 여러분도 정신적인 스승이 있니? 내가 따라야 할 사람 말이야. 흔히 '멘토'라고 하지. 멘토는 위인전을 많이 읽으면 발견할 수 있어. 자신이 되고 싶은 사람은 현재 살아가고 있는 사람이기도 하지만 역사적 인물일 수도 있어. 도서관에서 위인전을 읽어보고 그 속에서 자신이 따를 만한 사람을 발견해 보자. 자신의 성장에 도움을 줄 거야.

공자 역시 벼슬은 하늘의 뜻에 있다고 말했어. 맹자는 이 사실을 알았기에 왕이 되는 것은 하늘에 달렸다는 말을 한 거야.

※ 〈만장 상〉을 읽고 나서 느낀 점과 생각을 적어 봅시다.

 만장 하

<u>10-3</u> 벗을 사귀는 도리

만장이 물었다.
벗을 사귀는 것에 대해 여쭙겠습니다.
맹자가 말했다.
자신의 나이가 많음을 내세우지 않고, 자신의 지위가 높음을 내세우지 않고, 자기 형제 중에 부귀한 사람이 있음을 내세우지 않는다. <u>벗을 사귀는 것은 그 사람의 덕을 벗 삼는 것이므로 내세우는 것이 있어서는 안 된다.</u>

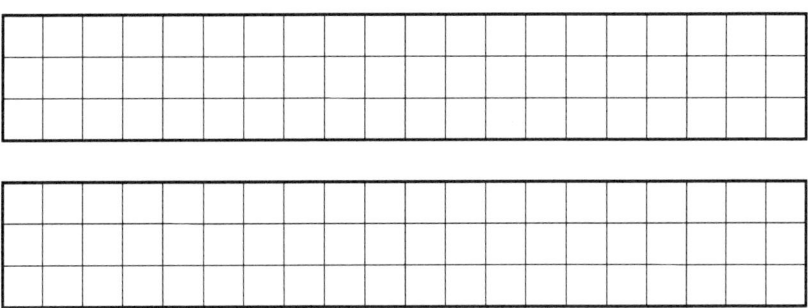

해설

친구는 인생에서 중요해. 특히 학생 때는 더욱더 중요하지. 학교에서의 생활은 친구들과 거의 함께하기 때문이야. 그렇다면 친구는 어떻게 사귀어야 할까. 우리는 친구 사귀는 법에 대해서는 따로 공부한 게 없어. 그렇다면 옛사람들은 어떻게 친구를 사귀었을까. 맹자는 말하고 있어. 나이가 많음을 내세우지 않고 지위를 내세우지 않는다는 거야. 또한 자기 형이나 누나가 부귀한 사람이라고 내세우지 않고, 친구는 오로지 덕으로 벗 삼는다는 거야. 무언가를 내세우는 사람은 친구가 될 수 없어. 친구는 덕, 즉 믿음이라고 하자. 서로 믿을 수 있을 때 우리는 친구와 진정한 교제를 나눌 수 있어.

10-8 옛사람과 벗을 삼다

맹자가 만장에게 말했다.

한 고을의 선한 선비는 그 고을의 선한 선비를 벗으로 삼고, 한나라의 선한 선비는 그 나라의 선한 선비를 벗으로 삼으며, 천하의 선한 선비는 천하의 선한 선비와 벗을 삼는다. 천하의 선한 선비와 벗을 삼는 것으로도 만족하지 못해서 위로 올라가 옛사람에 관한 이야기를 한다. 또 옛사람을 벗으로 삼는다.

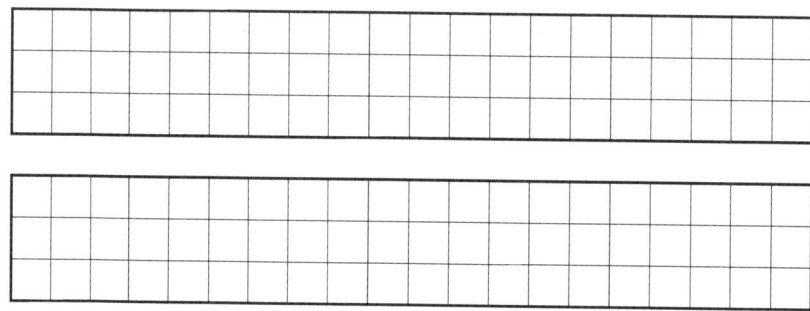

🖉 해설

끼리끼리 어울린다는 말이 있어. 유유상종이라고도 하지. 착한 사람은 착한 사람과 어울린다는 거야. 또 우리는 주위에서 친구들을 구할 수도 있지만, 옛사람이 쓴 책에서 친구를 구할 수도 있어. 옛사람들의 역사 속의 인물이지만 우리와 가장 가까운 친구가 될 수도 있어. 옛날 사람들이 쓴 책을 통해서 그 책을 쓴 사람과 대화할 수 있다면 그 사람은 우리와 가장 가까운 친구가 될 수도 있어. 빈 노트에 이렇게 적어보자.

"○○과 나는 친구다."

※ 〈만장 하〉를 읽고 나서 느낀 점과 생각을 적어 봅시다.

고자 상

11-2 사람의 본성과 물의 비유

고자가 말했다.

사람의 본성은 물과 같아 동쪽으로 터주면 동쪽으로 가고 서쪽으로 터주면 서쪽으로 간다. 사람의 본성은 선함과 불선함이 없다. 맹자가 말했다.

물에 동서구분이 없지만 위아래 구분은 있다. 사람의 본성이 선한 것은 물이 아래로 흘러가는 것과 같다. <u>사람이 선하지 않은 사람이 없고, 물은 낮은 데로 흘러가지 않는 것이 없다.</u>

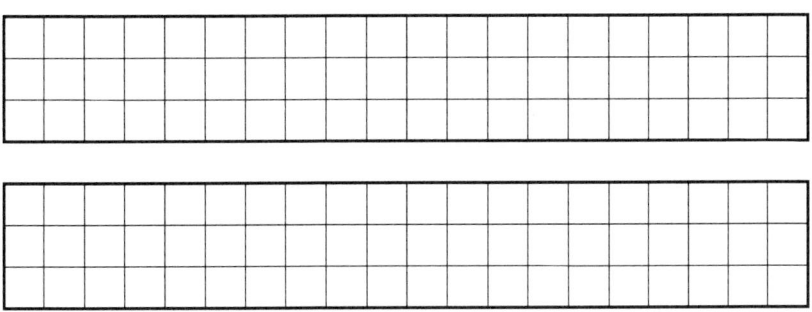

✎ 해설

고자는 사람이 타고나기를 선함과 불선함이 없다는 입장이야. 하지만 맹자는 성선설을 믿었어. 성선설이란 사람이란 본래 착하게 태어났다는 것이야. 누구든지 착하게 태어났기 때문에 그

성품을 키워나가면 선한 인간이 될 수 있다는 주장이야. 너희들의 생각은 어떠니? 사람은 착하게 태어났을까, 구분이 없을까, 악하게 태어났을까? 옛날에도 이를 두고 여러 학자들의 입장이 다 달랐어. 중요한 것은 그 시작이 어떠하든 간에 착한 사람이 되어가려고 하는 노력이 중요할 거야.

11-6 인의예지의 선한 본성

맹자가 말했다. 사람은 누구나 타고난 바탕대로만 따른다면 선하게 될 수가 있으니 이것이 곧 내가 말하는 바의 본성이 선하다는 의미이다. 사람이 선하지 않게 되는 것은 타고난 재질의 잘못이 아니다. 측은하게 여기는 마음인 '인', 부끄러워하는 마음인 '의', 공경하는 마음은 '예', 옳고 그름을 판단하는 마음인 '지'는 모두가 가지고 있다.

✏️ 해설

맹자는 타고나기를 선하게 태어난다고 보았어. 여러분 모두는 모두 착하게 태어났어. 여러분이 혹시나 나쁜 마음을 먹더라도 그것은 태어나기를 착하게 태어나지 않아서가 아니야. 누구나 내면에는 착한 마음을 가지고 있어. 이를 맹자는 인의예지라고 하였다. 그러니까 내면의 착한 마음을 믿고, 착한 사람이 되도록 내면의 것들을 키워나가도록 하자. 때론 흔들릴 때도 있겠지만 자신의 착한 마음을 믿고 그런 착한 사람이 되기 위해 노력한다면, 맹자의 말대로 인의예지를 아는 선한 인간이 될 수 있을 거야.

11-7 사람의 공통적인 마음

맹자가 말했다.

풍년에는 젊은이들이 대부분 나태해지고 흉년에는 젊은이들이 대부분 포악하게 되는데, 이것은 타고난 재질이 다른 게 아니라 그들의 환경이 다르기 때문이다. 밀의 수확량이 다른 것도 기후조건과 사람의 노력이 다르기 때문이다. 사람의 마음에서 동일한 것은 도리와 의리이다. 도리와 의리가 기쁘게 하는 것은 동물의 고기가 우리의 입을 기쁘게 하는 것과 같다.

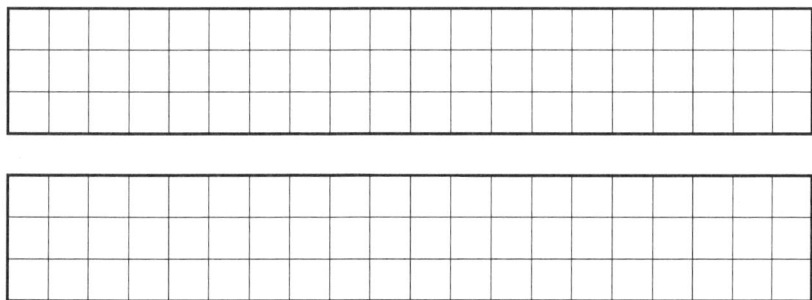

✏️ 해설

맹자는 앞서 우물에 빠지려는 아이 이야기를 통해 인간이 태어나면서부터 선한 마음을 가지게 된다는 것을 말했어. 즉, 어린아이가 우물에 빠지려고 하면 그 어떠한 이유 없이 측은한 마음이 생겨 그것을 구하려고 한다는 거야. 또한 맹자는 착한 마음이 보편적으로 우리 마음에 있다는 것을 비유했어. 사람이라면 맛있는 요리를 맛있다고 느끼고, 음악을 아름답다고 느끼고, 미인을 아름답다고 느끼는 것처럼 사람의 감각에는 보편성이 있듯이 사람의 마음에도 공통점이 있는데, 사람들은 선한 것을 좋아한다는 거야.

11-8 우산의 나무와 선한 본성의 비유

<u>사람에게 있어서도 어찌 '인'과 '의'의 마음이 없겠는가?</u> 사람들이 선한 마음을 놓쳐 버리게 되는 것 역시 도끼질로 매일매일 나무를 베어내는 것과 같으니, 어떻게 아름다워질 수 있겠는가? 사람들이 금수와 같은 자를 보고 원래부터 선한 재질이 없을 것이라고 생각하지만, 그것이 어찌 사람들의 본래 바탕이겠는가?

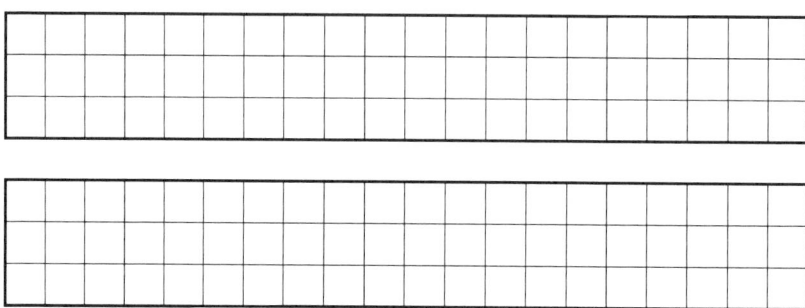

✎ 해설

사람은 누구나 선하게 태어났다는 것이 맹자의 주장이야. 이 주장은 계속 되풀이되고 있는데, 왜냐하면 그것이 맹자가 진짜로 하고 싶었던 말이기 때문이야. 간혹 나쁜 사람도 있는데 이는 타고나기를 악하게 태어나서 그렇게 된 것이 아니라는 거야. 타고나기는 모두 다 선하게 태어나는데, 노력을 하지 않으면 악해질 수도 있다는 것이야. 그래서 맹자는 타고나기를 착하게 태어났다고 끝났다고 이야기하지 않았어. 타고난 그 마음을 보존하고 발전시켜서 어른이 되어서도 착한 사람이 될 수 있다고 한 것이 바로 맹자의 주장이었어.

11-10 삶보다 더 간절히 원하는 것

삶도 내가 원하는 것이고 도의도 내가 원하는 것이지만, 두 가지를 다 가질 수 없다면 나는 삶을 버리고 도의를 선택할 것이다.

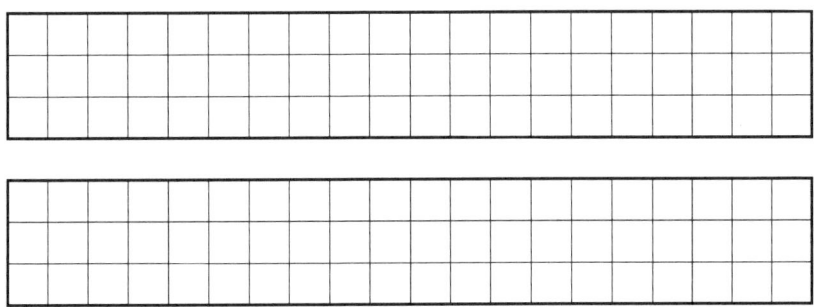

✏️ 해설

개똥밭에 굴러도 이승이 좋다는 말이 있어. 누구나 삶을 원한다는 말이야. 사람들뿐만 아니라 동물들도 마찬가지이지. 죽는 것을 바라는 사람은 거의 없어. 하지만 맹자는 도의를 가질 수 없다면 기꺼이 죽음을 선택한다고 했어. 왜 그랬을까?

도의가 도대체 뭐기에 살지 않고 죽는다고 했을까? 도의는 어진 사람이 가지고 있는 도덕과 의로운 마음이야. 이것이 없다면 맹자는 차라리 죽는 게 낫다고 말한 거야. 맹자의 신념이 얼마나 강하고 깊은지 알겠지. 맹자는 이처럼 도의에 목숨을 걸었기에 훌륭한 유학자로 21세기인 지금까지 전해지고 있는 거야.

11-11 학문이란 잃어버린 마음을 찾는 것

맹자가 말했다.

인은 사람의 마음이고 의는 사람의 길이다. 그 길을 내버려 두고 따르지 않으며 그 마음을 잃어버리고 찾을 줄을 모르니 슬프도다. 사람들은 닭과 개를 잃어버리면 찾을 줄을 알면서도 마음을 잃어버리고는 찾을 줄을 모른다. <u>학문하는 방법은 다른 데 있는 것이 아니라 자신의 잃어버린 마음을 찾는 것일 뿐이다.</u>

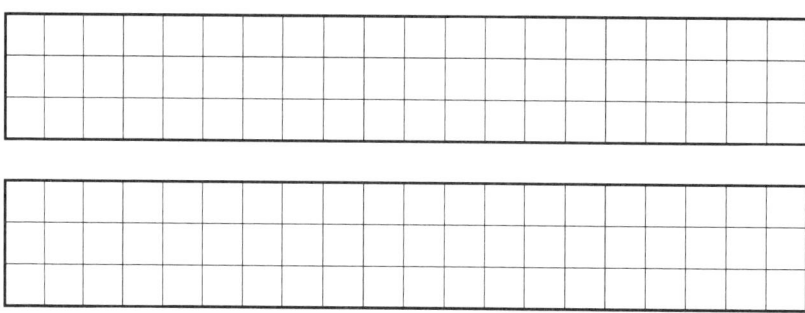

🖋 해설

옛날 공부란 우리들의 생각과는 달랐어. 공부는 시험을 잘 보기 위해 좋은 대학에 가기 위한 그런 공부가 아니었어. 지위나 재산을 얻기 위한 공부도 아니었지. 부귀영화를 위한 공부도 물론 아니었어. 단지 '인', 즉 '사랑'과 '의', 사람의 '도리'를 찾기 위한 공부였어. 그것이 사람의 마음에 들어 있다고 생각해서 마음을 찾아야 한다고 맹자는 말한 거야. 사람들은 자신의 물건들은 소중히 하지만 자신의 마음이 어디에 있는지는 소중하게 생각하지 않아. 공부를 하는 우리들은 이제부터라도 자신의 마음을 찾기 위해 노력해야 할 거야.

11-13 자신을 기름

맹자가 말했다.

만일 두 손이나 한 손 안에 움켜쥘 수 있는 오동나무와 가래나무를 기르려고 할 경우 누구나 그것을 기르는 방법을 안다. 그런데 자신에 있어서는 자신을 기르는 방법을 알지 못한다. 어떻게 자신을 사랑하는 것이 오동나무나 가래나무만도 못한가? 너무도 생각해 보지 않는구나.

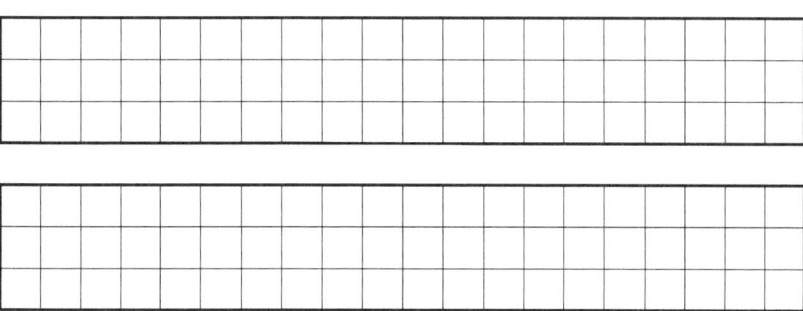

해설

맹자는 사람들이 나무 기르는 방법은 알면서도 자기 자신을 기르는 방법을 모른다는 것을 개탄했어. 우리에게 필요한 것은 부모님 친구들의 사랑이기도 하지만 가장 중요한 것은 자기가 자기 자신을 스스로 사랑해야 한다는 거야. 자기 사랑이야말로 가장 훌륭한 치료제이자 안식처가 될 수 있어. 우리는 부모님이나 선생님의 말씀을 듣고 자라지만 나중에 커서는 이제 자기 자신이 자기 스스로를 기를 수 있어야 해. 그날이 올 때까지 자기 자신을 사랑하는 법을 잊지 말고 기억하자. 자기가 스스로 사랑하는 만큼 행복해질 수 있을 거야.

11-15 대인과 소인의 차이

다 같은 사람인데 대인과 소인은 차이는 무엇입니까?
맹자가 대답했다.
몸의 중요한 부분을 따르면 대인이고, 하찮은 부분을 따르면 소인이다. 몸의 감각기관을 따르는 것은 소인이고, 마음의 도리를 생각하는 것은 대인이다. 마음은 하늘이 나에게 준 것이기 때문이다.

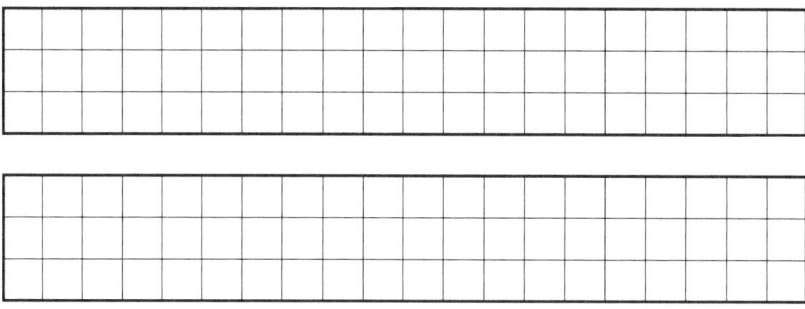

해설

맹자는 대인과 소인의 차이를 몸의 중요한 부분을 따르는 것을 따르느냐, 하찮은 부분을 따르느냐에 따라 나누었어. 몸의 감각기관을 따르는 것을 소인이라고 했는데 물론 감각기관은 우리 몸에서 소중한 부분이야. 맹자가 하고 싶었던 말은 외부에 있는 물체에 흔들리지 말고 마음의 기능을 생각하라는 거야. 마음이 도리에 따를 때 이런 마음은 하늘이 내게 부여한 것이고 이런 마음가짐을 가질 때 우리는 대인이 될 수 있다는 거야.

11-16 하늘이 준 벼슬과 사람이 주는 벼슬

맹자가 말했다. 옛사람들의 경우 하늘이 준 벼슬을 닦았기에 자연히 사람이 주는 벼슬도 함께 따라왔다. 그러나 오늘날의 사람들은 하늘이 준 벼슬을 닦아서 사람이 주는 벼슬을 구하고 일단 사람이 주는 벼슬을 얻고 나서는 하늘이 준 벼슬을 내팽개치는데, 그것은 매우 잘못된 것으로 결국에는 사람이 주는 벼슬조차도 잃어버리게 될 것이다.

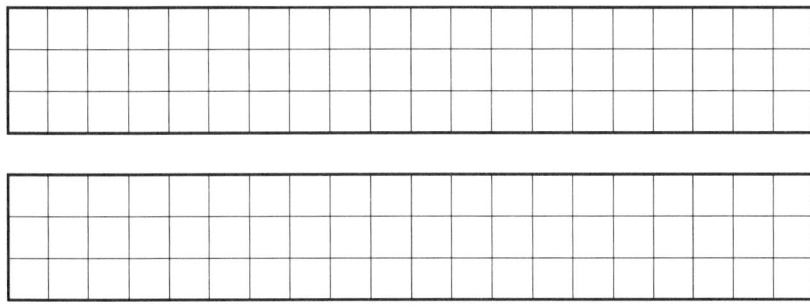

해설

맹자는 선한 마음이 사람이 나면서부터 지니고 있는 것이라는 점에서 하늘이 준 벼슬이라고 불렀어. 당시 사람들이 공, 경, 대부와 같은 벼슬을 얻기 위한 목적으로 하늘이 준 선한 마음을 닦고 일단 그것을 얻고 나서는 선한 마음을 돌아보지 않는 것을 비판하고 있어. 화장실 갈 때와 나올 때 마음이 다르다는 말이 있지. 사람들의 마음이 변하는 것을 맹자는 비판한 거야.

11-17 진실로 귀한 것은 나에게 있다

맹자가 말했다. 귀하게 되고 싶은 것은 사람마다 공통된 마음이다. 사람은 누구나 자신의 몸에 귀한 것을 지니고 있는데, 다만 그것을 생각하지 못할 뿐이다. 남이 귀하게 해준 것은 진실로 귀한 것이 아니다.

《시경》에서 "이미 술로 취하고 덕으로 배부르다"고 했는데, 이것은 인의의 덕으로 배가 불렀기 때문에 남들이 가진 맛난 고기와 기름진 밥이 부럽지 않고 좋은 소문과 널리 퍼진 명예가 자신에게 갖추어져 있기 때문에 남들이 가진 아름다운 무늬가 수놓인 옷이 부럽지 않음을 말한 것이다.

✏️ 해설

맹자는 사람이라면 누구나 가지고 있는 선한 본성이야말로 진실로 귀한 것이고 소중히 가꾸어야 할 것이라고 말하고 있어. 흔히 사람들은 높은 관직을 귀한 것이라고 생각하지만 그것은 남이 나에게 주는 것이므로 언제든지 빼앗아 갈 수도 있어. 그래서 그것은 정말 귀한 것이라고 할 수 없어.

11-20 배움의 방법

맹자가 말했다.

예가 사람들에게 활쏘기를 가르칠 적에 반드시 활줄을 한껏 당기는 것에 뜻을 두기로 하기에, <u>배우는 자 역시 반드시 활을 한껏 당기기 위해 노력한다.</u> 큰 목수가 사람들을 가르칠 때는 반드시 컴퍼스와 곡척을 사용하기로 하기에 배우는 자 역시 반드시 컴퍼스와 곡척을 사용한다.

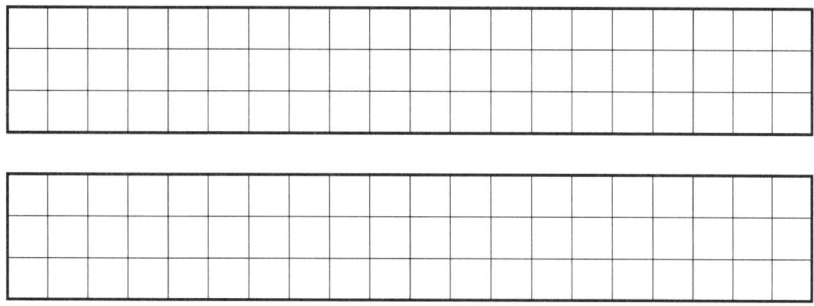

✏️ **해설**

활쏘기와 목공 일을 가르치고 배우는 비유를 통해 인을 배우고 실천하는 것에 관해 말하고 있어. 활쏘기에서 중요한 것은 활줄을 최대한 당기는 것이고, 목공 일에서 중요한 것은 컴퍼스와 곡척이라는 연장을 기준으로 사용하는 것처럼, 인을 배우고 실천함에 있어서도 모든 힘을 다 기울이는 노력과 함께 정해진 법도를 따르는 것이 필요하다는 것이야.

※ 〈고자 상〉을 읽고 나서 느낀 점과 생각을 적어 봅시다.

고자 하

12-2 요순이 되는 것은 자기 하기 나름

조교라는 인물이 물었다.

사람은 누구나 요나 순과 같은 성인이 될 수 있다고 하는데 사실입니까?

맹자가 대답했다.

그렇소. 요와 순의 도는 효도와 공손함뿐입니다. 그대가 요와 같은 옷을 입고, 요가 쓰던 말을 쓰며 요가 했던 행동을 실천한다면 바로 요와 같은 사람입니다.

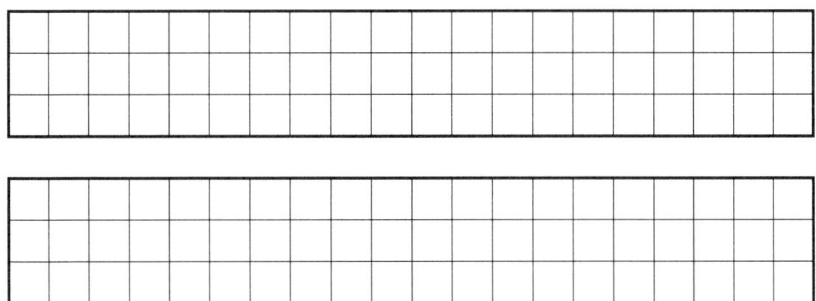

✎ 해설

맹자는 성선설을 믿었어. 그래서 누구나 성인이 될 수 있다고 생각했어. 그래서 요나 순임금과 같이 훌륭한 인물이 누구나 될 수 있다고 생각한 거지. 그렇기 위해서 필요한 것은 단지 요임금이 한 행동과 말을 그대로 따라 하면 된다고 했어. 우리가 어떤 사람처럼 되고 싶을 때 필요한 것은 그 사람이 한 대로 그대로 따라 하는 거야. 이 방법은 우리의 꿈을 이룰 때도 필요한 거야. 우리의 꿈을 이미 이룬 사람이 했던 말이나 행동을 따라 함으로써 우리는 우리가 꿈꾸는 미래와 가까워질 수 있어. 우리의 꿈을 이룬 사람을 멘토라고 하지. 멘토의 지도하에 우리가 멘토의 행동을 따라 한다면 우리는 우리 자신의 멘토와 같은 사람이 될 수 있어.

12-4 이익과 인의

신하가 된 자가 이익을 생각해서 그의 임금을 섬기고, 자식 된 자가 이익을 생각해서 그의 아비를 섬기며, 동생 된 자가 이익을 생각해서 그의 형을 섬긴다면 임금과 신하, 아비와 자식, 형과 동생이 결국은 인의를 버리고 이익을 생각해 서로를 대하게 될 것이다. 그렇게 되고서도 망하지 않는 경우는 없다.

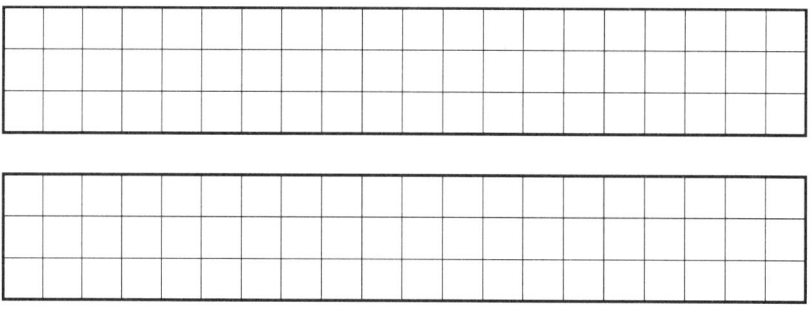

✏ 해설

맹자는 첫 장에서 말한 인의와 이익을 다시 대조하고 있어. 아무리 전쟁을 그치게 하는 것이 시급하다고 해도, 이익을 내세워 군주를 설득하면 전쟁은 그치게 할 수는 있어도 모든 가치가 이익을 우선시하게 돼. 그렇게 되면 결국 인간관계의 파탄은 물론이고 국가의 멸망이라는 더 큰 화를 불러오게 된다는 거야.

12-5 예물보다 중요한 것은 예의

맹자가 말했다.

《서경》에서는 윗사람을 대접하는 데 있어서는 예의가 중요하다. 그러므로 만약 예의를 갖춘 것이 예물을 갖춘 것보다 못하다면 이는 윗사람을 제대로 대접하지 못한 것이다. 왜냐하면 윗사람을 대접하는 데 마음을 쓰지 않았기 때문이라고 했다. 내가 저자를 만나지 않은 것은 그가 예를 갖추어 대접을 하지 않았기 때문이다.

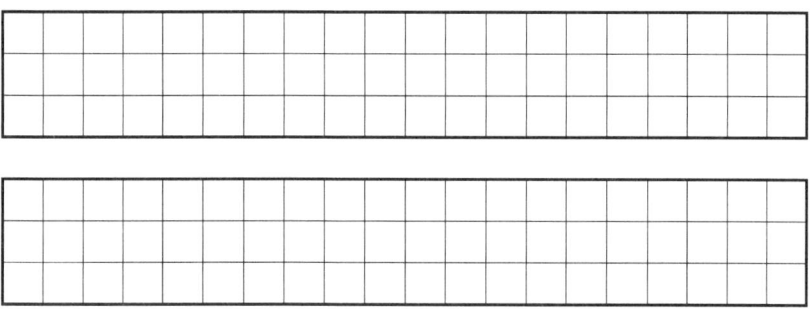

🖉 해설

맹자는 예물보다도 예의를 중시했어. 즉, 물건과 같은 물질보다도 예의와 같은 마음가짐을 더 중요시한 거야. 우리의 친구가 돈을 준다고 할지라도 그가 기분 나쁘게 돈을 던진다면 우리는 그 돈을 받지 않을 거야. 하지만 친구가 돈이나 먹을 것 같은 물질을 주지 않더라도 친절하고 배려있는 말로 우리를 위로한다면 그 친구와는 사이가 좋아지게 될 거야. 맹자 역시 마찬가지였어. 맹자는 유명한 학자지만 학자이기 전에 사람이야. 우리들과 다를 바 없어. 맹자 역시 사람을 기분 좋게 배려하는 예의를 갖춘 사람들을 좋아한 거야.

12-6 현능한 사람의 쓰임새

맹자가 말했다.

낮은 지위에 있으면서도 자기의 현능함으로써 못난 사람을 섬기지 않은 사람이 백이이고, 다섯 번이나 탕임금에게 찾아가고 다섯 번이나 걸임금에게로 나아간 사람은 이윤이며, 더러운 임금이라도 싫어하지 않고 하찮은 관직이라도 마다하지 않은 사람은 유하혜이다. 이 세 분은 방법은 달랐지만 지향한 것은 하나였다. 그 하나가 무엇이겠느냐? '인'이다. <u>군자는 다만 인을 행할 뿐이지, 반드시 그 방법을 같이 할 필요야 있겠는가?</u>

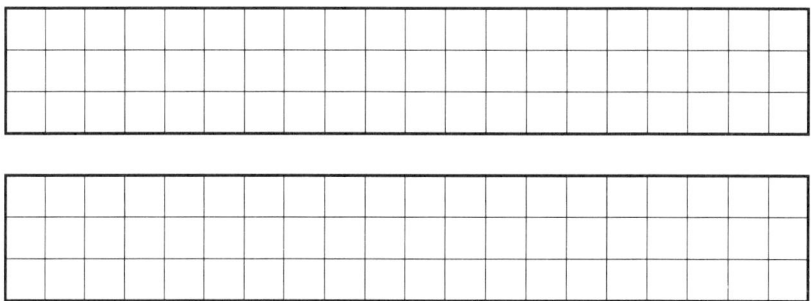

✏️ 해설

"모로 가도 서울만 가면 된다"는 속담이 있어. 방법이야 어찌 되었든 목적만 이루면 된다는 속담이야. 우리가 이루어야 할 것도 마찬가지야. 맹자가 이루고자 하는 것은 인이야. 인이 무엇일까? 인은 사람을 사랑하는 것을 말해. 사람을 사랑하는 방법은 사람마다 달라서 여러 가지가 있을 수 있어. 하지만 그 방법이 다르더라도 목적은 결국 사람을 사랑하는 거야. 군자는 사람을 사랑할 뿐 그 방법까지는 똑같지 않아도 된다는 말이야.

12-8 전쟁보다는 인의를 시행하라

노나라에서 신자를 장군으로 삼으려고 하자 맹자가 다음과 같이 말했다.

백성을 교화시키지 않고 전쟁에 쓰는 것을 일러 백성에게 재앙을 입힌다고 하오. 백성에게 재앙을 입히는 자는 요순시대에는 용납되지 못했소. 비록 단번에 제나라를 싸워 이겨 빼앗긴 남양 땅을 되찾을 수 있다 해도 그렇게 해서는 안 되오.

<u>군자는 군주를 섬김에 있어 군주를 올바른 길로 이끄는 데 힘쓰고 인을 지향해야 합니다.</u>

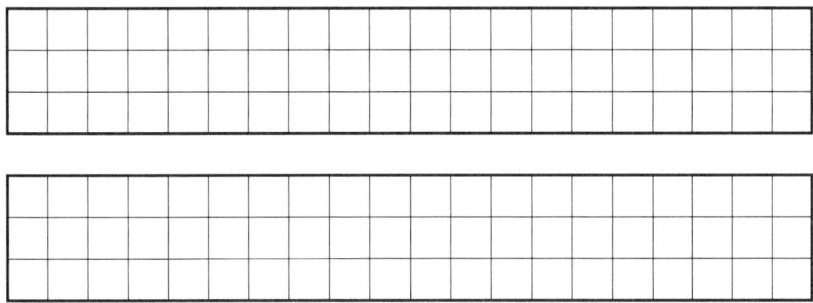

✏️ 해설

맹자는 전쟁에 반대하는 사람이었어. 맹자가 지금 시대에 태어났으면 노벨 평화상 같은 것을 받지 않을까 싶어. 맹자는 각 백성의 어려움과 힘든 처지를 이해하고 백성이 전쟁에 나가서는 안 된다고 주장한 거야. 전쟁을 통해서 이득을 취할 수 있다고 하더라도 백성들에게 피해를 준다면 그 전쟁은 안 된다고 이야기한 거야.

12-9 오늘날 군주를 섬기는 자들

군주가 올바른 도를 향해 가지 않고 인을 추구하지 않는데도 그를 부유하게 해주는 것은 폭군인 걸을 부유하게 해주는 것과 같다.

군주가 올바른 도를 향해 가지 않고 인을 추구하지 않는데도 그를 위해 무리하게 전쟁을 하려는 것은 폭군인 걸을 도와주는 것과 같다.

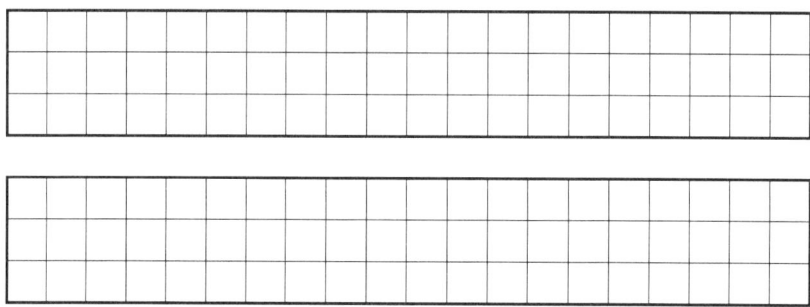

해설

맹자는 철저하게 인을 추구했던 사람이야. 계속 그 이야기를 하다 보니 맹자가 답답해 보이기도 해. 왜 맹자는 그렇게 인을 추구했을까. 왜냐하면 그것이야말로 사람이 걸어가야 할 길이라고 생각했기 때문이야. 그래서 인을 추구하지 않고, 부유한 것이나 전쟁에서 이기는 것은 도움이 되지 않는다고 말한 거야. 우리가 아무리 부유하고 땅이 많더라도 사랑이 없다면 그 인생은 행복하지 않을 거야. 그래, 맹자는 우리 사람들을 행복하게 만들기 위해서 그렇게 인을 이야기했던 거야.

12-13 선을 좋아한 악정자

맹자가 말했다.

<u>선을 좋아한다면 천하를 다스리기에도 충분한데 노나라쯤이야 말해 무엇 하겠느냐?</u> 만약 선을 좋아하면 천하의 사람들이 모두 천 리 길도 가벼운 걸음으로 다가와서 선을 일러주게 된다. 만약 선을 좋아하지 않으면 사람들이 혼자 잘난 척할 것임을 내 다 안다고 할 것이다.

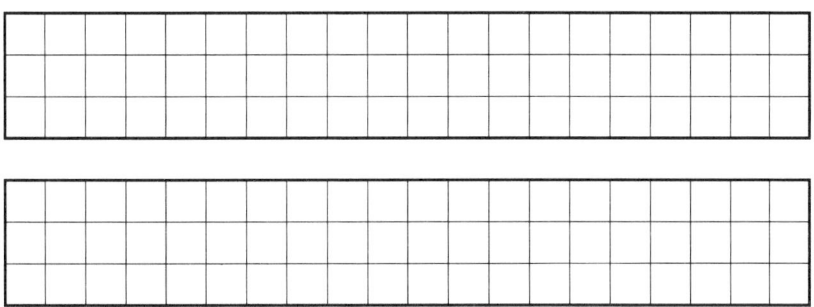

✏ 해설

맹자는 선을 좋아하는 사람을 으뜸으로 쳤어. 그래서 선을 좋아한다면 천하를 다스리기에도 충분하다고 한 거야. 실제 요순임금은 선을 좋아하는 인물이었어. 우리 친구들 중에서도 나라의 지도자가 되고 싶은 사람이 있을 거야. 국회의원이나 시장, 혹은 대통령을 원하는 친구가 있을지도 몰라. 그런 친구들에게 해주고 싶은 말이 있어. 물론 지도자가 되기 위해서는 공부를 잘해야 하고, 돈도 있어야 되고, 명예도 있어야 되지만, 중요한 것은 선한 마음이라는 것이야. 착한 마음이 없다면 훌륭한 지도자가 되지 못해. 이것은 어릴 때부터 우리가 배울 수 있는 사실이야. 맹자가 말했듯이 착한 마음을 마음속에 간직하도록 하자. 그러면 자라서 어른이 되었을 때 사람들을 사랑하는 훌륭한 지도자가 될 수 있을 거야.

12-14 군자가 벼슬에 나아가는 상황

군자가 벼슬에 나아가는 상황은 세 가지이다. 군주가 공경한 마음을 극진히 하고 예를 갖추면서 자신의 말을 실행할 것 같으면 나아갔다. 자신의 말을 실행하지 않더라도 맞이함에 공경한 마음을 극진히 하고 예를 갖추면 나아갔다. 그리고 굶주릴 때 관직을 주면 나아갔다.

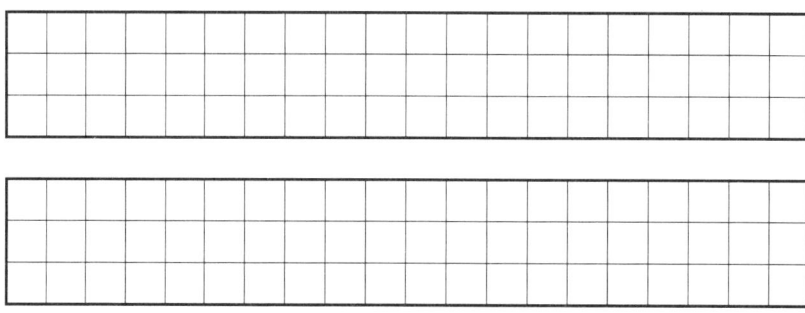

✎ 해설

군자가 무엇일까? 군자는 옛날의 선비들을 말해. 옛 선비들은 어떤 모습이었을까? 옛 선비들은 예를 중요시했어. 그래서 임금이 자신을 부를 때 예를 갖추지 않으면 아무리 좋은 관직이나 재물을 준다고 하더라도 그것을 거절했어. 요즘에는 그렇지 않지. 돈만 많이 준다면 어떤 직장이든 가리지 않고 들어가려고 하잖아. 그런 모습에서 옛날의 선비와 지금의 현대인은 큰 차이를 보이고 있어. 옛 선비들이 맞을까, 오늘날의 사람들이 맞을까? 그것에 정답은 없어. 하지만 옛날 선비들이 살았던 시대에는 그 시대에 맞는 행동법이 있었고 오늘날에는 오늘날에 맞는 행동이 있을 뿐이야. 옛날 선비들은 예를 너무도 중요시했기에 나라에서 관직을 주더라도 예를 갖추지 않으면 거절했던 거야.

12-15 하늘이 장차 큰 임무를 내리려 할 때

하늘이 장차 큰 임무를 내리려 할 때는 반드시 먼저 그의 마음을 괴롭게 하며, 그의 근골을 힘들게 하며, 그의 몸을 굶주리게 하고 그의 몸을 곤궁하게 하며, 어떤 일을 행함에 그가 하는 바를 뜻대로 되지 않게 어지럽힌다. <u>이것은 그의 마음을 분발시키고 성질을 참을성 있게 해 그가 할 수 없었던 일을 해낼 수 있게 도와주기 위한 것이다.</u>

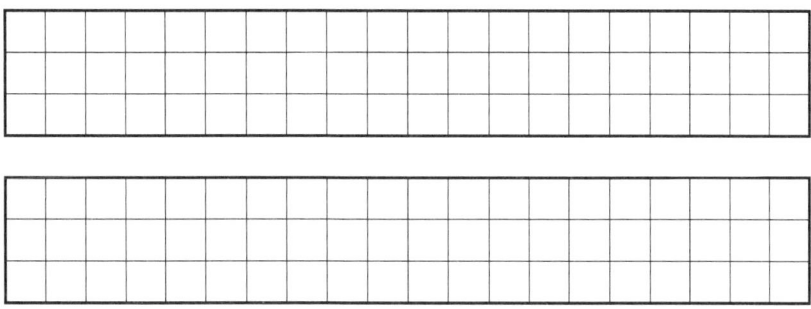

✎ 해설

우리가 어떤 큰일을 하려고 할 때 하늘은 우리를 괴롭게 한다는 거야. 왜 그럴까? 쇠는 불에 달구어져 망치를 얻어맞아야 좋은 쇠가 될 수 있어. 우리 사람도 마찬가지야. 고난과 역경을 이겨내었을 때 그때에서야 훌륭한 사람이 될 수 있는 거야. 우리를 편하게 하는 것들은 우리를 약하게 할 뿐이야. 역경과 고난 속에서 강하고 힘 있는 사람이 될 수 있는 거야. 그러니까 우리가 일상에서 어려움이 부딪혔을 때 너무 좌절하지 말고, 이 시험을 이겨내면 보다 나은 자신이 될 수 있다고 생각하며 역경을 지혜롭게 이겨 나가도록 하자.

※ 〈고자 하〉를 읽고 나서 느낀 점과 생각을 적어 봅시다.

진심 상

13-1 마음을 남김없이 실현하는 자

맹자가 말했다.

자신의 마음을 남김없이 실현하는 자는 자신의 본성을 이해하게 된다. 자신의 본성을 이해하면 하늘을 이해하게 된다. <u>자신의 마음을 간직하고 자신의 본성을 기르는 것은 하늘을 섬기는 방법이다.</u> 일찍 죽고 오래 사는 것에 개의치 않고 다만 자신의 몸을 닦아서 명을 기다리는 것이 명을 바르게 세우는 방법이다.

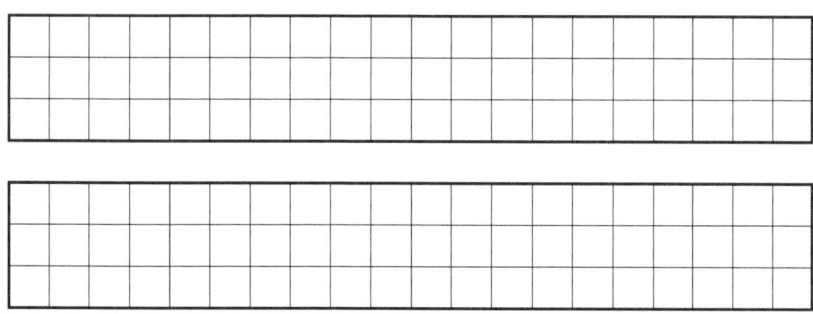

해설

맹자는 부귀와 빈천, 일찍 죽고 오래 사는 것과 같이 내가 어떻게 할 수 없는 것에 안달하거나 동요하지 않고 의연하게 노력하는 것을 자신에게 주어진 명을 올바로 받아들이는 방법이라고 하였어.

13-2 명을 대하는 태도

맹자가 말했다.

어느 것이든 명이 아닌 것이 없지만 그중 올바른 것에 순응해 받아들여야 한다. 그러므로 명을 제대로 이해한 사람은 위태로운 담장 아래에 서 있지 않는다. <u>도를 실천하는 데 온 힘을 기울이다가 죽는 것이 명을 바르게 받아들이는 것이다.</u> 죄를 지어 형벌을 받고 죽는 것은 명을 바르게 받아들이는 것이 아니다.

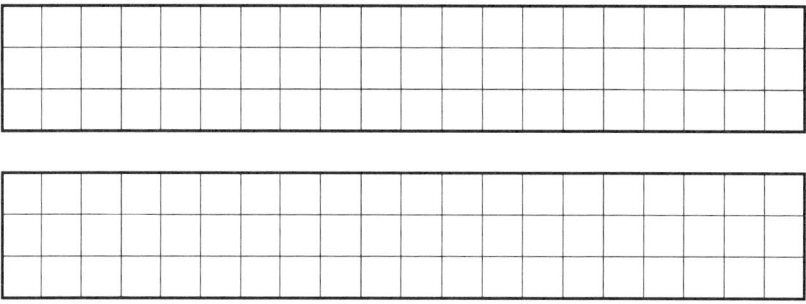

해설

맹자는 인간에게는 주어진 운명이 있다고 보았어. 하지만 무너지는 담장 밑에 서 있다가 죽는 것은 올바른 태도가 아니라고 보았어. 어차피 인간은 죽어야 할 운명이지만 죄를 지어서 형벌을 받고 죽기보다는 도덕적 실천을 하기 위해 노력하다가 죽는 것이 운명을 올바르게 받아들이는 자세라고 말한 거야.

13-4 나에게 갖추어져 있는 만물

맹자가 말했다.
만물이 다 나에게 갖추어져 있다. <u>그러므로 자기 내면으로 되돌아가서 내면을 진실되게 하는 것보다 더 큰 즐거움은 없다.</u> 자신의 마음을 미루어 남을 생각하기를 힘써 실천하는 것보다 인을 구하는 가까운 방법은 없다.

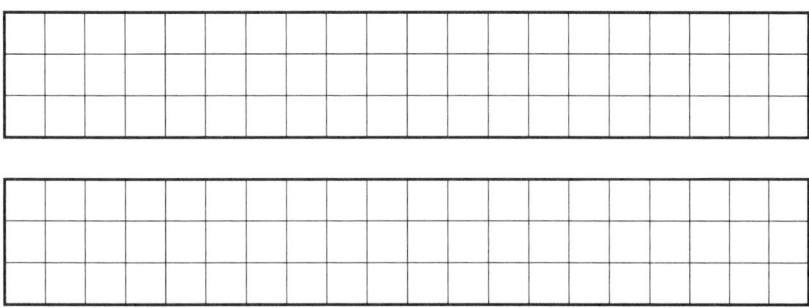

✎ 해설

맹자는 밖에서 무언가를 구하지 않았어. 언제나 자기 내면의 마음을 살폈던 사람이야. 그렇게 내면을 살펴보니 이미 내 마음 안에 모든 것이 다 있었던 거야. 우리도 밖에서 무언가를 찾기를 원하지만 사실 돌아보고 나면 내 마음속에 모든 것이 있었다는 사실을 알게 돼. 우리가 행복해지기 위해 분주히 돌아다니지만 결국 행복은 내 마음속에 있는 것과 비슷해. 그렇게 내면의 마음을 갈고닦을 때 무엇보다도 즐겁다는 것을 맹자가 말하고 있어.

13-6 부끄러워하는 마음

맹자가 말했다. 사람은 부끄러워하는 마음이 없어서는 안 된다. 부끄러워하는 마음이 없음을 부끄럽게 생각한다면 진정 부끄러워할 것이 없게 될 것이다.

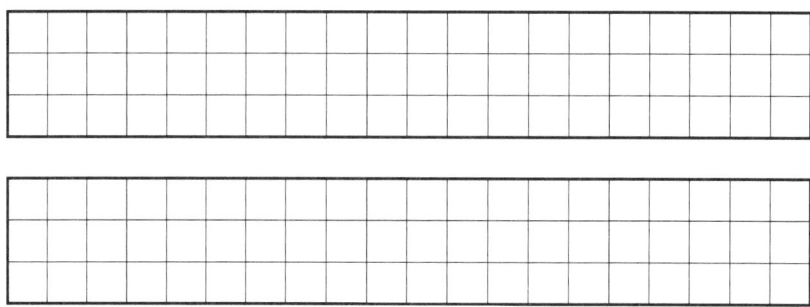

✏️ 해설

부끄러워하는 마음이란 도덕적으로 옳지 못한 것을 할 때 느끼는 수치심이야. 무엇이 옳고 그른지에 대한 올바른 판단이 있어야만 가능한 거지. 맹자는 이 옳고 그름에 대한 판단에 기초해 일어나는 부끄러워하는 마음이 바로 도덕적 인격을 완성해서 더 이상 부끄러워할 것이 없는 경지에 이르는 출발점임을 강조하고 있어.

13-9 자족의 삶을 즐기는 방법

맹자가 말했다.
남이 나를 알아주어도 초연히 자족하고, 남이 나를 알아주지 않아도 또한 초연히 자족하라. 덕을 존중하고 의리를 즐겁게 여기면 초연히 자족할 수 있다. 그래서 선비는 곤궁한 상황에 처해도 의리를 잃어버리지 않고 출세하더라도 도에서 떠나지 않는다. 옛사람은 자신의 뜻을 이루게 되면 그 은택이 백성들에게 베풀어졌고 뜻을 이루지 못하면 몸을 닦아 세상에 자신을 드러내었다.

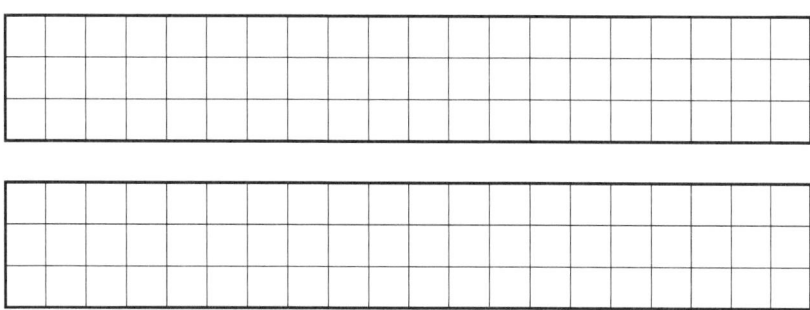

해설

맹자는 "남이 알아주든 그렇지 않든 초연히 스스로 만족하라"고 말했어. 우리는 남이 알아줄 때는 기쁘지만, 알아주지 않을 때는 실망하기 쉬워. 하지만 맹자는 사람들의 평가에 흔들리지 말고 스스로 만족하는 길을 걸어가라는 충고를 해주었어. 어떻게 하면 스스로 만족할 수 있을까? 덕을 존중하고 의리를 즐겁게 여기는 거야. 그래서 출세를 하든 하지 않든 간에 스스로 만족하는 삶을 살 수 있었던 거야.

13-10 보통 백성과 뛰어난 선비의 차이

맹자가 말했다. 문왕과 같이 덕이 있는 임금이 나타나야만 분발해서 일어날 수 있는 자는 보통의 백성이다. 호걸의 기풍을 지닌 선비는 문왕과 같이 덕이 있는 임금이 나타나지 않더라도 스스로 분발해 떨쳐 일어날 수 있다.

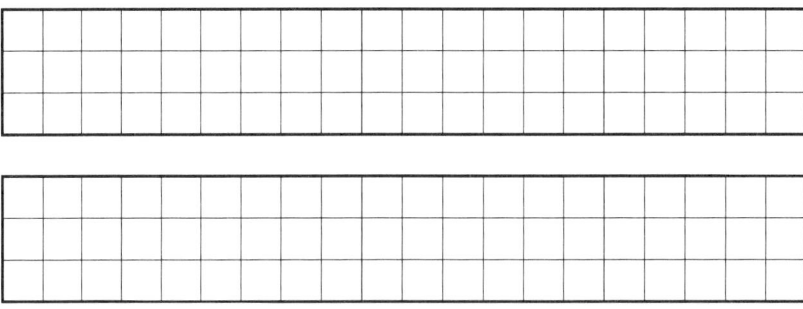

✏️ **해설**

맹자는 평범한 사람은 교화와 같은 밖으로부터의 자극이 있어야만 자신의 도덕적 본성에 대한 자각과 그것을 실현하려는 노력을 하게 되는 반면, 뛰어난 사람은 그러한 자극이 주어지지 않더라도 스스로 도덕적 본성을 자각하고 실현하려는 마음을 가지게 됨을 말하고 있어.

13-13 명령의 정치와 교화의 정치

맹자가 말했다.

어진 말로 타이르는 것은 어진 음악이 사람들에게 깊이 스며들어 감화시키는 것만 못하고, 좋은 정치 명령은 좋은 교화가 백성의 마음을 얻는 것만 못하다. 좋은 정치 명령은 백성을 두려워하고, 좋은 교화는 백성들이 애정을 느끼게 된다. <u>좋은 정치 명령을 시행하면 백성들에게 재물을 얻게 되고 좋은 교화를 시행하면 백성들에게 마음을 얻게 된다.</u>

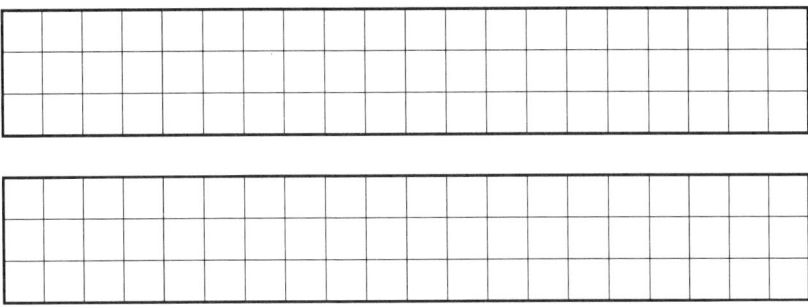

해설
이상적인 정치 명령이나 제도 법령보다는 음악과 교화를 통해 백성을 자발적으로 이끌어 나가야 되는 것을 말하고 있어. 물론 제도나 법령을 잘 정비하는 것도 좋지만 더욱 좋은 것은 군주가 덕으로 자연스럽게 감화시키는 거야. 그래서 재물을 얻는 것에 그치지 않고 마음까지 얻는 것이 이르게 하는 거지.

13-15 타고난 능력과 타고난 지능

맹자가 말했다.

사람이 배우지 않아도 할 수 있는 것은 타고난 능력이고, 생각하지 않아도 아는 것은 타고난 지능이다. 두세 살 난 어린아이라도 어버이를 사랑할 줄 모르는 사람이 없고 성장해서는 형을 공경할 줄 모르는 사람이 없다. 어버이를 친애하는 것이 '인'이고, 윗사람을 공경하는 것이 '의'다. 그렇게 할 수 있는 것은 모든 사람이 인과 의를 보편적으로 지니고 있기 때문이다.

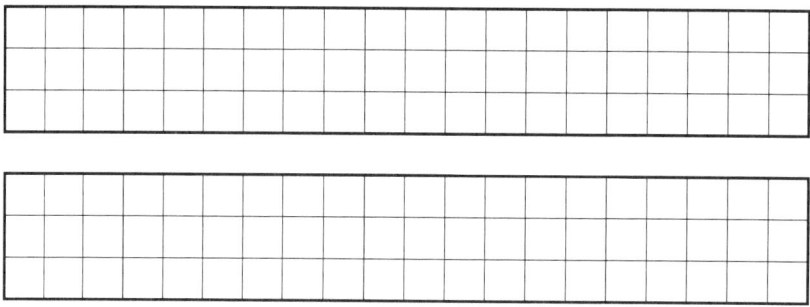

해설

맹자는 성선설을 믿었어. 맹자는 사람이 나면서부터 선한 본성인 인의예지를 지니고 있다고 했어. 여기서는 그런 선한 본성뿐 아니라 도덕적 판단을 하고 실천할 수 있는 능력까지 지니고 있다고 해. 즉, 인간은 도덕적 본성과 함께 도덕적 판단을 하고 실천할 수 있는 능력을 지닌 존재야. 그래서 어버이를 사랑하고 형을 공경하는 것은 후천적인 배움의 결과가 아니라 타고난 본성의 자연스러운 결과야.

13-18 환난의 의미

맹자가 말했다.

사람 중에 덕과 지혜, 기술과 지식을 지니고 있는 자는 항상 환난 속에 있다. 오직 의로운 신하와 서자들만이 마음가짐이 편안하지 않고 환난을 근심하는 것이 깊기 때문에 사리에 통달하게 된다.

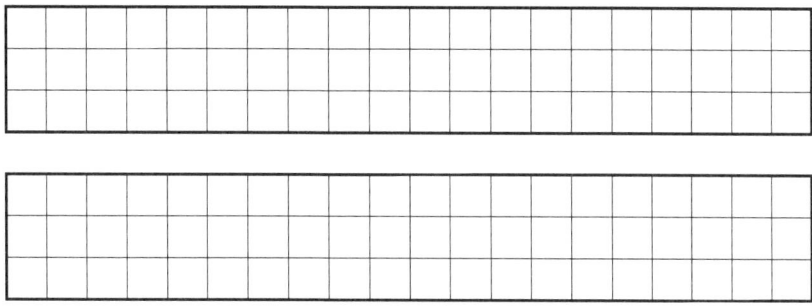

해설

앞서 말한 것과 같이 역경이나 고난이 나쁜 것만은 아니야. 역경과 고난 속에서 얻는 이로운 점도 많아. 역경과 고난을 이겨내면 사람은 그만큼 성장할 수 있어. 나무가 비바람을 이겨내고 더욱 싹을 틔우고 꽃을 피우고 열매를 맺듯이 사람 역시 역경과 고난을 이겨내면 자신만의 꽃을 피우고 열매를 맺을 수 있어. 역경과 고난이 꼭 나쁜 것만은 아니라는 것을 이제 알겠지?

13-20 군자의 세 가지 즐거움

맹자가 말했다.

군자에게는 세 가지 즐거움이 있는데, 통일된 천하의 임금이 되는 것은 여기에 끼지 못한다. 부모가 살아계시며 형제들이 아무런 탈이 없는 것이 첫 번째 즐거움이다. 우러러봐도 하늘에 부끄럽지 않고 사람들에게 부끄럽지 않은 것이 두 번째 즐거움이다. 천하의 뛰어난 인재를 얻어서 가르치는 것이 세 번째 즐거움이다. <u>군자에게는 세 가지 즐거움이 있는데, 통일된 임금이 되는 것은 여기에 끼지 못한다.</u>

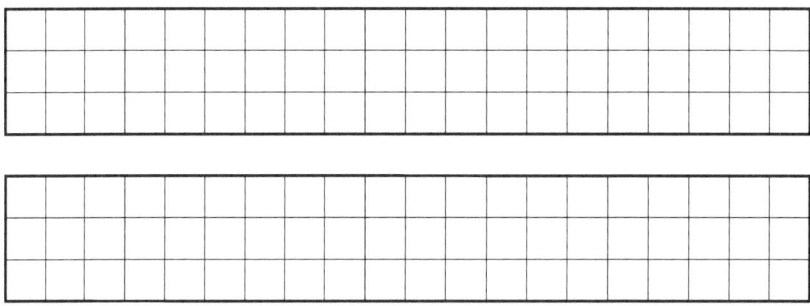

✏️ **해설**

맹자는 군자에게는 세 가지 즐거움이 있는데 왕이 되는 것은 아니라고 했어. 왕이면 물질적으로 부유하고 지위도 가장 높고 자기 마음대로 할 수 있는데도 맹자는 그것은 군자의 즐거움이 아니라고 한 거야.

13-24 군자의 도에 대한 추구

맹자가 말했다.

공자는 동산에 올라 노나라를 작게 여겼고 태산에 올라가 천하를 작다고 여겼다. 바다를 본 사람은 어지간한 강물이 그의 시선을 끌 수 없고, 성인의 문하에서 배운 경우 어지간한 말은 그의 관심을 끌 수 없다.

흐르는 물은 빈 웅덩이를 채우지 않고는 나아가지 않는다. 군자가 도를 추구함에 있어서도 일정한 성취를 이루지 않으면 통달한 경지에 이르지 못한다.

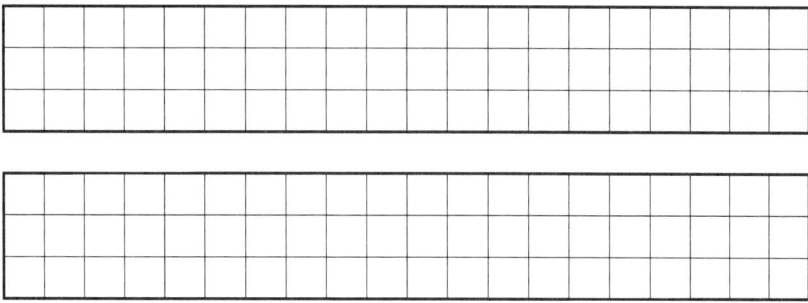

해설

맹자는 유학의 도에 대한 자부심과 그것을 추구하는 단계적이고 쉼 없는 노력을 말하고 있어. 이미 한없는 바다를 본 사람이 강물에 신경 쓰지 않듯 유학의 도를 알게 된 사람은 다른 것에 신경 쓰지 않는다는 거야. 또한 흐르는 물이 반드시 물웅덩이를 채우고 나아가듯 점진적인 성취를 거쳐야 한다는 거야.

13-29 우물 파는 비유

맹자가 말했다.

인의를 지향해 노력하는 것은 비유하면 우물 파는 것과 같다. <u>우물을 아홉 길이나 되도록 팠더라도 물이 솟아나는 데까지 도달하지 못했으면 우물을 포기한 것이나 마찬가지이다.</u>

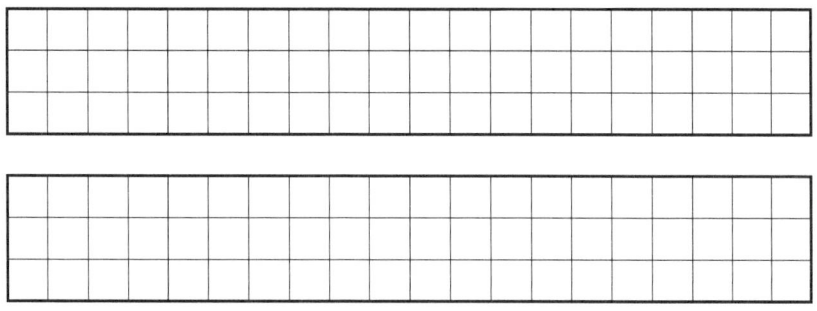

해설

맹자는 인의를 지향하기 위해 우물을 끝까지 파야 한다고 했어. 꼭 인의만이 아니야. 우리가 세상에서 얻고자 하는 것을 얻기 위해서는 끝까지 노력해야 돼. 김연아 선수가 스케이팅을 끝까지 노력해서 금메달을 땄듯이 우리도 우리가 원하는 것을 갖기 위해서는 끝까지 노력해야 돼. 그게 공부든, 운동이든, 노래든 상관없이 말이야.

13-35 천하와 어버이의 경중

동응이 물었다.

순임금이 천자였을 때 만약 순의 아버지 고수가 살인을 했다면 어떻게 했을까요?

맹자가 대답했다.

<u>순임금은 천하를 헌신짝처럼 버리고 몰래 아버지를 등에 업고 도망쳐 바닷가에 살면서 죽을 때까지 즐거워하며 천하를 잊었을 것이다.</u>

해설

맹자는 아버지가 살인을 하는 죄를 짓더라도 어버이를 효로써 모실 것을 말하고 있어. 이것은 하나의 갈등으로 어찌 보면 이해가 안 되는 말이기도 해. 하지만 유학의 도는 어버이를 모시는 것이고, 어버이를 고소하는 대신에 그 아버지를 업고 도망치라는 것은 맹자가 인륜을 지키는 도리로서 주장하는 거야.

13-41 도를 가르치는 방법

공손추가 물었다.

도가 높고 아름다우나 그곳에 도달하지 못할 듯합니다. 도가 사람들에게 미치게 만드시지 않으십니까?

맹자가 말했다.

<u>큰 목수는 서툰 목수를 위해 먹줄 치는 법을 고치거나 없애지 않는다.</u>

중도를 지니고 서 있으면 능력 있는 사람은 그대로 따라야 한다.

🖉 해설

맹자는 약육강식의 세계에서 인의를 추구하는 것을 말했어. 맹자와 그의 제자들은 그의 이상을 받아들일 제후들을 찾아 여행을 떠났어. 하지만 받아들여지지 않았지. 그래서 일반인의 눈높이에 맞출 것을 공손추가 건의한 거야. 하지만 맹자는 현실에 영합해 자신의 정당한 원칙을 버리는 것을 아녀자의 도라고 하고 부귀의 유혹이나 빈천의 어려움, 권력의 위세에도 굴복하지 않고 의연하게 도를 실천하는 사람을 대장부라고 정의하고 있어.

※ 〈진심 상〉을 읽고 나서 느낀 점과 생각을 적어 봅시다.

진심 하

14-5 기술의 전수

맹자가 말했다.

<u>목수와 수레바퀴와 수레를 만드는 기술자는 다른 사람에게 연장의 사용법을 가르쳐 줄 수는 있어도 그를 뛰어난 기술자가 되게 할 수는 없다.</u>

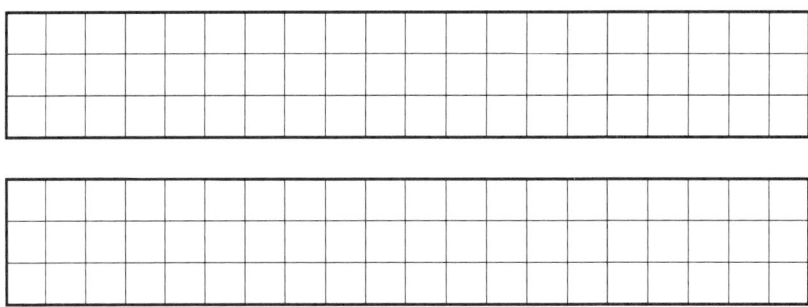

✎ 해설

맹자는 기술을 비유해 말했지만 기술뿐만 아니라 학문이나 덕성의 수양에 있어서도 마찬가지야. 우리가 공부를 배우는 것은 선생님에게 배우는 것이지만, 선생님이 우리를 모범생으로 만드는 것은 아니야. 공부를 함에 있어서 결국 우리가 실천을 통해서 공부를 할 때에만 우리의 성적이 올라가게 될 거야. 맹자는 이것을 알았기에 뛰어난 경지에 오르는 것은 배우는 자의 부지런한 실천에 있다고 한 거야.

14-6 외적 조건에 동요하지 않은 순임금

맹자가 말했다.

순임금이 마른 밥을 먹고 채소를 먹을 적에는 마치 그렇게 일생을 마칠 듯했다. 그러나 천자가 되고 나서 무늬 있는 옷을 입고 거문고를 타며 두 명의 부인이 시중을 들었는데 본래부터 그것들을 가지고 있었던 듯했다.

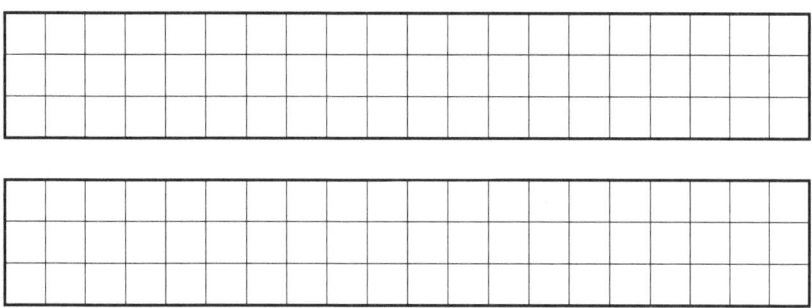

✎ 해설

앞서 말한 것과 같이 성인은 외적 조건에 따라 마음이 동요하지 않아. 항상 안정된 마음가짐을 갖지. 그래서 부유하거나 빈천하는 것에 상관없이 항상 평상심을 유지하며 행복하게 살아. 우리도 우리 인생에서 바라는 것이 많지만 그것을 얻든 그렇지 못했든 간에 마음이 흔들려서는 안 돼. 외부 조건에 마음이 흔들리면 우리 인생은 늘 흔들리는 삶을 살게 될 거야. 내면의 마음에 충실했을 때 우리는 흔들리지 않고 일정하게 행복한 인생을 살 수 있어.

14-14 백성은 사직이나 군주보다 귀하다

맹자가 말했다.

백성은 귀하고 사직은 그다음이고 군주는 하찮다. 그러므로 백성의 마음을 얻으면 천자가 되고 천자의 마음을 얻으면 제후가 되고 제후의 마음을 얻으면 대부가 된다.

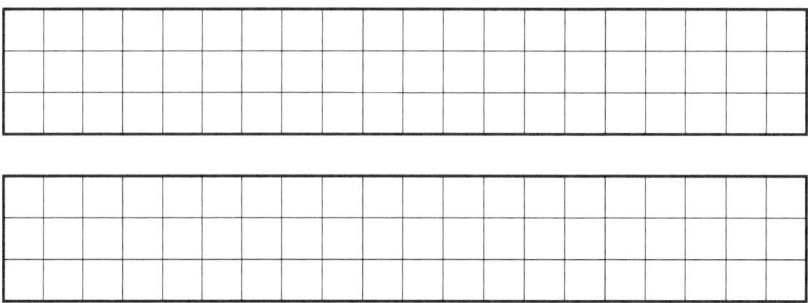

해설

백성은 군주의 소유물이고 통치란 곧 백성을 압박하고 수탈하는 것으로 보던 전국시대의 일반적인 상황에서 맹자의 이러한 사상은 빛나는 거야. 맹자는 백성의 마음을 헤아리지 못하면 군주가 될 수 없다고 보았어. 이는 우리가 살고 있는 이 시대의 민주주의 정치와도 다를 바 없는 이야기야. 맹자가 얼마나 사상적으로 앞서갔는지 알 수 있겠지.

14-29 대도를 듣지 못한 사람의 재주

분성괄이라는 인물이 제나라에서 벼슬을 하고 있었는데 맹자가 분성괄은 죽을 것이라고 했다. 과연 분성괄이 살해되자 제자가 "선생님께서는 어떻게 그 사람이 살해당할 것을 아셨습니까?"라고 물었다. 맹자는 "그의 사람됨이 약간의 재주는 있으나 군자의 대도를 듣지 못했으니 자신의 몸을 죽이기에 충분하다"고 했다.

해설

유가에서는 사람됨을 평가함에 있어 재주나 기술보다는 덕을 중시해. 그래서 덕은 근본되는 것이고 재능은 말단적인 것이라고 말을 해. 덕이 없는 재능이나 가치 의식이 결여된 재능은 마치 고삐 풀린 소와 같이 방향성을 상실하게 되어 남에게 해를 끼치는 것은 물론이고 스스로를 파괴하는 원인이 돼.

14-32 군자의 말과 몸을 지키는 태도

군자의 말은 늘상 보는 가까운 것들을 대상으로 하지만 도는 그 가운데에 있다. 군자는 자신의 몸을 지킴에 자신의 몸을 닦음으로써 천하를 태평하게 한다.

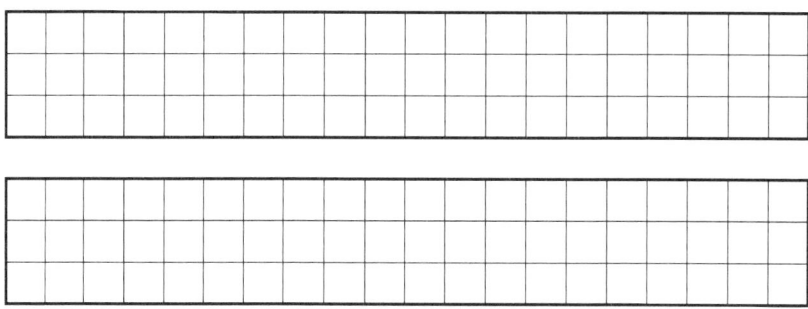

해설

맹자는 날마다 쓰는 사물 가운데 도가 있다거나 먹고 마시며 남녀 간의 사랑하는 가운데에 도가 있다고 했어. 유가의 중요한 경전 중 하나인 《중용》에서는 이것을 높고 밝은 도를 추구하되 일상의 사물들을 통해서 추구해야 한다고 했어. 진리란 멀리 있는 게 아니고 우리 주변에 있는 거야.

결국 진리는 내 안에 있는 거야. 자신의 마음을 닦게 되면 이것은 천하의 안정과도 이어지게 돼. 맹자는 자신 안에 추구하는 진리가 있음에도 밖에서 그것을 추구하는 것을 비판했던 거야.

14-35 마음을 기르는 방법

맹자가 말했다.

마음을 기르는 방법으로 욕망을 적게 하는 것보다 더 좋은 것이 없다.

✏️ 해설

마음에 욕심이 많으면 선해지기 어려워. 반대로 욕심이 적으면 착하게 살 수 있어. 우리는 내 것만 챙기는 욕심꾸러기가 되지 말자. 욕심으로 가득 찬 사람을 보면 욕심꾸러기에 추하다는 생각이 들어. 하지만 자신의 것을 희생하고 남과 나누는 사람을 보면 아름답다는 생각이 들어. 자신의 욕심만 추구하는 욕심꾸러기보다는 남과 함께 나누는 베푸는 사람이 되면 나부터가 아름다워지고 세상도 아름다워지게 될 거야.

※ 〈진심 하〉를 읽고 나서 느낀 점과 생각을 적어 봅시다.

에필로그

《맹자》를 여러 번 읽고, 필사까지 했습니다. 공자의 사상도 훌륭했지만, 맹자에게서는 파워풀한 힘을 느꼈습니다. 이런 에너지를 전해주고 싶었습니다. 세상이 살기 힘들다지만 옛 성인의 말처럼만 살아갈 수 있으면 얼마나 좋을까 하고 생각했습니다. 그것을 우리 아이들에게도 전해주고 싶었습니다.

이 글은 물론 저자의 생각이 많이 들어간 맛보기에 불과합니다. 하지만 원문을 대하는 어려움을 줄이고, 쉽게 고전에 접근할 수 있도록 노력했습니다. 이런 노력의 결실이 실제 독서에도 이어지기를 바랍니다.

맹자에 얽힌 고사성어가 있습니다. 여기서는 두 가지를 소개하겠습니다.

첫 번째는 '맹모삼천지교'입니다.

처음에 맹자네 집은 공동묘지 근처에 있었는데, 맹자는 날마다 장사지내는 모습을 흉내 내며 놀았습니다. 이에 안 되겠다 판단한 맹자 어머니는 다른 곳으로 이사했습니다. 그런데 그 동네 또한 시장 근처여서 맹자는 날마다 장사놀이를 하는 것이었습니다. 그러자 어머니는 다시 서당 부근으로 이사했습니다. 그곳에서 맹자가 날마다 공부놀이를 했음은 물론이지요. 앞의 맹모를 줄여 '삼천지교(三遷之敎)'라고도 합니다.

두 번째는 '단기지계'입니다.

맹자는 좋은 스승을 찾아 타향에 가서 공부를 하다가, 조금 나이가 들어 오랜만에 집에 한번 다녀올 생각을 했습니다. 맹자가 집에 도착했을 때, 어머니는 베틀에 앉아 베를 짜고 있었습니다.

"네가 웬일이냐?

어머니는 베틀에서 일어나지도 않은 채 물었습니다.

"어머니가 보고 싶고 집도 그리워서요."

"그럼 그동안 글은 얼마나 배웠느냐?"

"별로 많이 못 배웠습니다."

그러자 어머니는 가위로 베틀의 날실을 싹둑 잘라 버렸습니다. 그리고는 엄하게 꾸짖었습니다.

"군자(君子)란 모름지기 학문을 배워 이름을 날리고, 모르는 것은 물어서 앎을 넓혀야 하느니라. 네가 공부하다 말고 돌아온 것은 이렇게 짜고 있던 날실을 끊어버리는 것과 무엇이 다르겠느냐!"

그제야 맹자는 자기가 어떤 실수를 저질렀고, 그것이 어머니를 얼마나 실망시켰는지 깨달았습니다. 그는 그 길로 곧장 스승한테 되돌아가 전보다 더욱 열심히 공부하여 스승에 버금가는 선비가 되었습니다.

이처럼 위대한 맹자라는 성인 뒤에는 맹자 어머니의 가르침이 있었습니다. 부모님께서는 지금 어떤 교육을 하고 있나요? 아이들의 인성과 지혜의 폭을 넓혀줄 맹자와 같은 고전을 가르치시지 않으시겠습니까? 이 책과 함께 한다면 아이들의 성장에 큰 도움이 될 것을 확신합니다.